U0029134

大衛·克拉克·評注
謝樹寬·譯

窮查理
的智慧語錄

◆

The TAO of Charlie Munger
with Commentary by David Clark

本書獻給
理查‧桑德斯和他那群興風作浪的夥伴們。
他們人雖少,卻對許多人產生巨大的影響!

資料來源說明

本書選用的查理・蒙格語錄，來自眾多網路資源，其中包括報章、雜誌、期刊、演講、書籍、部落格、金句網站、以及其他網站。公司年度會議的引言來自於參加者（參加會議的股東）線上張貼的報告，不一定是會議上發表內容的逐字紀錄。我在書的末尾，列明了個別資料來源的網站，供大家延伸閱讀這位非常迷人、始終有趣的查理・蒙格。

目錄

導言

　　在美國金融史上，查理・蒙格注定會是個纏繞各種悖論的謎樣人物——他既神祕又充滿矛盾。巴菲特說：「蒙格最重要的設計工程是擘劃出今天的波克夏。他交給我的藍圖很簡單；他要我把過去如何用很便宜的價格買下平庸的公司那一套通通忘掉，改成用合理的價格買優秀的公司……。也因此，波克夏是照蒙格設計的藍圖打造。我的角色只是總承包人，波克夏底下的公司執行長們，則擔任分包商的實際工作。」

　　蒙格接受的是氣象學家和律師的專業訓練，大學從沒有修過一門經濟、行銷、財金、或會計的課程，究竟他是怎麼成為二十世紀和二十一世紀最了不起的經營和投資天才之一呢？這就是謎團所在。

好學少年的起點

　　1924 年 1 月 1 日，即所謂的「咆哮的 20 年代」★，蒙格出生在美國內布拉斯加州的奧馬哈。那時，收音機和飛機是最先進的科技，金融家巴魯克★則是華爾街之王。人人都靠投資股票賺大錢。蒙格的父親是奧馬哈當地主要的商業律師之一，他的客戶名單包括該州眾多的企業菁英。蒙格年輕時花費大量時間在閱讀上——那等於是當時的電視和電玩。在書中他發現一個比他與巴菲特共同居住的、安逸偏遠的鄧迪區更加廣闊的世界。兩個人雖然相差七歲，上的卻是同一所小學和中學。事實上，蒙格的第一份工作，就是在巴菲特祖父當地開設的雜貨店裡打工，這家店至今仍屹立在鄧迪區的中心。

蒙格從巴菲特雜貨店進入商業經營的世界。他學會盤點存貨、上架商品、取悅顧客、了解準時上工的重要性、以及如何與他人合作；此外，當然還有收銀機的使用方法，它可是錢——也就是生意命脈的所在。

在 1930 年代的奧馬哈有著涇渭分明的族群居住區：有義

★ 「咆哮的 20 代」（the Roaring Twenties），指 1920 年代，歐洲地區正從一次大戰後恢復元氣，美國則進入經濟高速發展的時期。文化、政治等各個層面都經歷重大變化，社會沉浸在喧囂、絢麗、繁華無盡的氣氛中。

★ 巴魯克（Bernard Baruch），美國史上最傳奇的投資人、慈善家、也是兩次大戰期間美國威爾遜總統和羅斯福總統的經濟顧問，年輕時在華爾街因幾起著名的交易案迅速致富，有「華爾街孤狼」之稱。

大利裔、希臘裔、非裔美國人、愛爾蘭裔、法國裔、捷克裔、俄裔、甚至也有華人。許多移民在聯合太平洋鐵路和肉品包裝工廠工作,當時奧馬哈是重要的肉品處理中心。蒙格與這些移民的小孩一同上公立學校,他不只發展出對不同文化的理解,同時也認識到他們做生意的才能,以及這些移民父母願意為改善子女生活勤奮工作到令人難以置信的地步。

蒙格在波克夏·海瑟威的年度會議上,經常提到大蕭條時期的慘狀,以提醒人們情況一旦生變可能會有多糟糕。不過,在大蕭條期間,奧馬哈並沒有像美國其他地區那般受到重創,部分原因是它就位在聯合太平洋與柏靈頓兩大鐵路的交會點,同時也因為它是全世界第二大的聯合預備屠宰場。由於奧馬哈是牲畜與運輸的集散中心,吸引了許多大型肉品包裝公司在南奧馬哈建立食品加工處理廠。美國雖然處於大蕭條,但人們還是得吃,因此每天最多有兩萬頭的豬、牛、羊會送到奧馬哈。這些牲畜需要被宰殺、切塊、包裝、並運送到全國各地。即使在景氣不佳的時代,預備屠宰場仍創造了許多經濟活動。

創立於奧馬哈的基威特公司,如今是北美最大的建設公司之一。這家公司的第一件大工程即是興建聯合預備屠宰場的牲口交易大樓（彼得‧基威特為蒙格與巴菲特帶來很大的影響，如今波克夏總部的辦公室就位於基威特廣場）。蒙格從他父親身上，學到了奧馬哈幾位最顯赫企業家做生意的方式，他父親的委託人，包括當地主要報紙經營者希區考克家族，以及擁有最大銀行的孔茨家族。

中學畢業之後，十七歲的蒙格進入密西根大學主修數學。珍珠港事變一年後，他已滿十九歲，中輟學業加入美國陸軍航空兵團。陸軍送他到加州帕薩迪納的加州理工學院研修氣象學。他在那裡學會了分辨積雲和卷雲的差別，並且愛上了南加州多晴的天氣。

當還是青少年的華倫‧巴菲特在阿克薩本賽馬場——離他奧馬哈家裡只有短短的腳踏車路程——學習賠率和或然率時，查理‧蒙格則在軍中，跟陸軍同袍弟兄打牌，學到了重要的投資技巧。他學會手風不順時要蓋牌，一手好牌時則要押重注，日後他把這套策略，應用在投資上頭。

戰後，沒拿到大學文憑的蒙格，向他父親的母校哈佛法學院提出入學申請。他先是被拒絕，不過哈佛法學院的退休院長幫忙打了一通電話之後，蒙格得到入學許可。這位前院長是內布拉斯加人，也是他們家族的朋友。蒙格在法學院學業表現優異，1948 年以極優等成績畢業。他從此不忘有位居高位朋友的重要性。

法學院畢業後，蒙格回到洛杉磯，加入當地一間頗具聲望的公司法律師事務所。從處理二十世紀福斯業務、莫哈韋沙漠採礦交易、以及其他許多房地產交易中，他學到不少做生意的道理。在這段期間，他也負責處理國際收割機公司的經銷權事務，他在這裡第一次了解到，要重建一家陷入困境的公司，有多不容易。經銷權是一門與交易量攸關的生意，它需要很多資金來支付成本高昂的庫存，大部分的資金來自銀行貸款。如果一連幾季營運不佳，庫存的存置成本，就會壓垮公司。但是如果公司裁減庫存來降低存置成本，它就會沒東西可賣，這意味著客戶會找尋其他有庫存的經銷對手。這是問題很多、但不易解決的辛苦生意。

蒙格在這段期間思考了許多企業經營的事。他會習慣性地問人家所知最好的生意是什麼。他渴望自己能加入他在律師事務所服務的富裕菁英客戶們的行列。他決定每天在辦公室花一個小時，研究自己的房地產投資，靠這個方法他完成了五個投資案。他曾經說過，他湊到的第一個一百萬，是賺得最辛苦的一筆錢。同時，這段期間也讓他了解，當律師無法讓他變得真正非常有錢；他必須找其他的事業。

轉彎成為投資大師

1959 年夏天，當蒙格回到奧馬哈處理父親的房產時，他與兩個老朋友約在奧馬哈俱樂部共進午餐，這是一間位在市區、木板搭建的私人俱樂部，生意人午間在這裡用餐，晚上則喝酒和抽雪茄。這兩個朋友決定帶一位為他們經營合夥投資生意的朋友一同前來，他們認為蒙格應該樂於和他見面，這個年輕人名叫華倫・巴菲特。

兩人一見如故。巴菲特照例是以他對天才投資家班傑明・葛拉漢*的抨擊為開頭。蒙格也聽說過葛拉漢，兩個人很快就談起了公司經營和股票。討論非常熱烈，以致於另兩位友人起身要離開時，蒙格和巴菲特幾乎都沒留意到。這是一段長期且獲利豐厚的友誼關係的開端——一場兄弟情誼的開展。接下來

★ 葛拉漢（Benjamin Graham），華爾街公認的價值投資之父。他的投資方法給巴菲特帶來許多的啟發。

幾天，他們頻頻見面。某天晚餐時蒙格問巴菲特，如果他在加州創辦和巴菲特一樣的合夥投資公司是否可行。巴菲特說，他看不出有什麼理由不行。

蒙格回到加州之後，在往後的幾年兩人每星期都要互通好幾次電話。1962年，蒙格終於開始了他的合夥投資公司，合作對象是他的一個老撲克牌友，他同時也是太平洋海岸證券交易所的交易員。蒙格同時也創辦了新的律師事務所——蒙格、托爾斯、希爾斯與伍茲法律事務所。不到三年之後，他結束了律師執業，開始全力專注投資事業。

蒙格的合夥投資公司與巴菲特的公司有所不同，他願意大量舉債來進行一些交易。他特別喜歡透過股票套利★。其中一項套利交易是關於卑詩省電力公司（British Columbia Power），加拿大政府正著手收購這家公司。收購價格為每股22美元。卑詩省電力公司當時市場價格為每股19美元。一想到最終它會到達每股22美元，蒙格決定用他手上的錢來買下它的股票，他把公司的錢、自己的錢以及所有能借到的錢，都投入卑詩省電力。這場交易果然奏效——卑詩省電力公司以每股22美元被收購，蒙格如強盜般狠狠地大撈了一票。

在 1960 年代中期，蒙格與巴菲特忙著沖刷「粉紅單」（在前網路時代，印在粉紅色紙上，提供櫃檯交易股票【OTC】每日價格訊息的刊物），找尋投資價格理想的好公司。他們找的其中一家公司是藍籌印花公司（Blue Chip Stamp）。藍籌是專門銷售贈品券的公司；其他的公司跟藍籌購買贈品券給消費者，讓他們可以收集點券換取藍籌公司提供的贈品。大家可以把它想成是較早期的集點回饋活動。讓蒙格對這家公司感興趣的原因，在於藍籌公司有一大筆叫做「浮存金」（float）的現金，它是藉由販售贈品券與顧客兌換貨品之間的時間差所產生。藍籌公司股價特別吸引人的原因，在於當時美國政府對它提出了反托拉斯法的訴訟。律師出身的蒙格認為，這場官司最後的結果，應該會有利於藍籌——事實也確實如此。蒙格透過他的合夥投資公司，以及巴菲特透過他的波克夏公司，最後取得了這家公司的控股權，蒙格成了董事長。到了 1970 年代末期，藍籌公司的浮存金，已經成長到大約 1 億美元，成了蒙格和巴菲特可用來投資的錢。

★　股票套利（stock arbitrage）：金融術語。簡單來說，就是利用同一支股票在不同市場（或同一個市場）有不同價格的情況下，以較低價格買進、以較高價格賣出，藉由短時間之間的價格差異來獲利。

然而，藍籌公司的商業模式日後漸漸失效，它的銷售額逐年減少，從 1970 年的 1.26 億美元到 1990 年降至 1500 萬美元。不過在鼎盛時期，藍籌公司在蒙格的領導下，利用它盈餘的資金，買下了時思糖果（See's Candies）100 % 的股權，和一家擁有儲蓄和貸款部門的魏斯可金融公司（Wesco）80% 股權。就和巴菲特把波克夏營運不佳的紡織業務資金，拿來買下錢途大好的全國產物保險公司（National Indemnity Company）一樣，蒙格也拿出了藍籌印花的多餘資金，投資在其他有利可圖的事業上。藍籌印花公司後來也併入了波克夏海瑟威。

　　1968 年，蒙格、巴菲特和經營第一曼哈頓投資公司（First Manhattan）的戈特斯曼★合作，成立多元零售公司（Diversified Retailing Company）。多元零售公司以 1200 萬美元，取得巴爾的摩的霍克希爾德‧柯恩百貨公司（Hochschild Kohn）。收購所用的錢半數來自銀行貸款。這是很划算的收購價格，但是霍克希爾德‧柯恩並不具備競爭優勢，而且必須經常動用寶貴的資金來維持它的競爭力。蒙格和其他人很快就學到零售服飾業的經營不易，因為它的庫存貨品不像從不貶值的珠寶或是地毯，零售服飾隨著每次換季，整個庫存就會變得一文不值。經過令人失望、成效不佳的三年之後，他們將霍克希爾德‧柯恩賣出。

在這段期間，蒙格開始看出投資較好產業的優點：它們沒有太多資金需求、而且有許多現金可以再投資於擴展營運，或是收購其他新事業。

從 1961 年到 1969 年，蒙格的合夥投資公司有著驚人的 37.1％年平均報酬率。不過 1973 ～ 74 年的慘賠，給他帶來巨大傷害，當他在 1975 年結束基金時，公司的資產為 1000 萬美元，在它運作的十四年期間，年平均報酬率為 24.3％。有趣的是在基金運作的最後一年，蒙格採用了高度集中的投資組合，光是持有藍籌印花公司的股份就占了基金投資的 61％。他從來就不是分散投資策略的擁護者。

蒙格的合夥投資公司在 1972 年做出一個投資決定，就是與投資家谷瑞恩（Rick Guerin）合作買下一家封閉式投資基金「字母基金」（Fund of Letters）的控股權，隨後他們將它改名為「新美利堅基金」（New America Fund）。當合資

★ 戈特斯曼（David "Sandy" Gottesman，1926-），美國億萬富豪與實業家、慈善家。他也是波克夏海瑟威的早期投資人之一，2003 年加入波克夏海瑟威董事會。

公司清算時，合夥人們得到了新美利堅基金的股票，這個基金由谷瑞恩主持，而蒙格則負責選擇投資。一九七七年新美利堅基金以 250 萬美元，買下每日新聞公司（Daily Journal Corporation），由蒙格擔任董事長。每日新聞公司是一家加州發行報紙和雜誌的出版社，旗下刊物包括《洛杉磯每日新聞》與《舊金山每日新聞》。當谷瑞恩與蒙格解散新美利堅基金時，股東們得到了每日新聞公司的股份，同時這家公司也成了公開交易的櫃檯交易股票。今天許多每日新聞公司的股東可說從蒙格的合夥投資公司剛成立就和他一起投資，至今已經超過四十年。

進軍波克夏海瑟威

蒙格在 1979 年成為波克夏海瑟威公司第一副董事長。1983 年，藍籌印花公司與波克夏海瑟威合併，蒙格成了魏斯可的董事長。擔任這兩個職位的蒙格得以協助巴菲特做出投資與管理決策，讓波克夏海瑟威這家公司能從 1984 年淨收入1.48 億美元、每股股價 1272 美元，到 2016 年成長到年淨收入大約 240 億美元，股價每股 21 萬美元，2018 年 5 月 31 日，股價已增至每股 29.2 萬美元。

如今，九十四歲的蒙格是波克夏海瑟威這家市值達 3620 億美元公司的副董事長，同時也是每日新聞公司的董事長，他的個人財富超過 20 億美元。

　　巴菲特在總結蒙格在過去五十七年對他投資風格的影響時說：「蒙格推我了一把，讓我不會像葛拉漢教我的那樣憑價格決定投資。這是他對我真正的影響。這股強大的力量，推動我脫離葛拉漢的有限視野。這就是蒙格的心靈力量。」

第一部分

查理・蒙格對
成功投資的思考

1

快錢
FAST MONEY

「想快速致富的慾望非常危險。」

◆

"The desire to get rich fast is pretty dangerous."

想要快速致富很危險，因為我們賭的會是某個股票或其他資產在短期內的價格走向。有一大堆人想做跟我們同樣的事，而且他們當中有許多人掌握的資訊比我們更充分。任何導致有價證券或衍生性契約的短期內價格出現激烈震盪的事件，與其產業或資產背後長期的實際價值並不相關。然而，同樣重要的是，它還有財務槓桿的問題：為了迅速致富，人們往往必須利用槓桿／舉債以求從小幅價格波動中大量獲利。一旦情況不利，就可能給我們帶來巨大的虧損。因此，假如我們想在某個股票部位，利用槓桿來大賺一筆，某個類似九一一的可怕事件卻發生了，股市躺平，我們也就毀了。早年，蒙格確實大量利用股票套利進行投資，不過隨著年紀稍長，他看出置身其中的巨大風險，因此他現在盡全力避免借貸，並且只押注在某個公司的長期經濟展望上，而不是它股價短期的震盪。

2

能力圈
CIRCLE OF COMPETENCE

「知道自己不懂什麼，比聰明更有用。」

◆

"Knowing what you don't know is more useful than being brilliant."

蒙格這段話的意思是我們應該對自己的無知有自知之明，且藉此避免投資自己不懂的產業。

　　在 1990 年代晚期科技股泡沫漲勢最高的時候，許多聰明人也忍不住誘惑而投入網路股。蒙格明白自己不懂網際網路的新產業，也就是說它們是在他自己的「能力圈」之外，因此他和波克夏完全避開了這類的投資。華爾街大多數人都認為他開始脫節趕不上時代了。不過當泡沫破滅，這些公司股價大跌、財富一空時，反而只剩蒙格顯得聰明。

3

避免當笨蛋
AVOID BEING AN IDIOT

「大家都想當聰明人——我只是不想當笨蛋，不過，不當笨蛋比大多數人想的難多了。」

◆

"People are trying to be smart—all I am trying to do is not to be idiotic, but it's harder than most people think."

蒙格的投資哲學提到一個理論，那就是在短視的股市裡，有時一家公司的股價會低於它長期的經濟價值。當這種情況出現時，他會買進這家公司並長期持有，等這個公司背後的經濟因素最終提升它的股價。唯一他必須小心的事，就是不要做蠢事，就他而言，多半指的是遺漏性錯誤（errors of omission）★，像是看到好投資卻沒有行動，或是當機會來時卻買得太少。這實際做起來比我們想像的還要不容易。

★　「遺漏性錯誤」（errors of omission）通常指的是疏漏、遺忘所導致的錯誤，與它相對的則是執行性錯誤（errors of commission），因決策、程序、操作方法等導致的失誤。

4

退場
WALKING AWAY

「人生有部分像在玩撲克牌，你得學會即使拿的
是一手好牌，也要放棄──你必須學會應付錯誤，
掌握輸贏機率變化的新情況。」

◆

"Life, in part, is like a poker game, wherein you have to learn
to quit sometimes when holding a much-loved hand—you must
learn to handle mistakes and new facts that change the odds."

這是蒙格在處理房屋抵押貸款公司「房地美」（Freddie Mac）得到的經驗。當波克夏在 1980 年代買進房地美的股票時，它是一家管理良好、持守經營、獲利豐厚的抵押貸款公司。隨著時間的發展，房地美的經營擴展到其他的事業線，他們利用半官方的地位，採取侵略式地短期借貸，然後長期放款──這是導致雷曼兄弟破產的相同金融操作公式。波克夏看出風險劇增和房地美管理風格的變化，於是在 1999 年獲利了結這個他們熱愛的投資項目。到了 2008 年，房地美公司被接管（一種破產的形式），舊管理階層被開除，而股價也只剩下波克夏賣出當時的零頭。蒙格知道什麼時候要抓緊好牌，知道什麼時候要蓋牌，也知道什麼時候該離開牌桌。

5

簡單射魚法
EASY SHOOTING

「要射中桶子裡的魚，我的想法是先把桶裡的水放掉。」★

◆

"My idea of shooting a fish in a barrel is draining the barrel first."

有時候短視的股市會提供顯而易見、讓人難以抗拒的投資機會。這通常是出現在股市恐慌的時候，投資人會人舉出清所有投資，即使有些公司的長期經濟運作明顯對投資人有利。投資人的大退場，就是桶子裡的水被放掉的時候──股價下跌讓蒙格可以更容易看清楚裡面的魚，也就是價格被低估的好公司。

★　「射桶子裡的魚」（shooting a fish in a barrel）是一句英文諺語，意思是極其簡單的任務。這裡蒙格 · 蒙格更進一步延伸這用法，射魚之前還要先放掉桶子裡的水，自然是更加簡單。

6

恍然大悟
REVELATION

> 「一旦我們跨過了這層障礙，了解到按照量化標準可能會嚇壞葛拉漢的東西其實有利可圖，我們就可以開始想出好的生意。」

◆

> "Once we'd gotten over the hurdle of recognizing that a thing could be a bargain based on quantitative measures that would have horrified Graham, we started thinking about better businesses."

葛拉漢是價值投資法的泰山北斗。他也是巴菲特的投資導師，在他的世界裡，價值投資指的是，在股價低於它的內含價值時買入股票——對葛拉漢而言，這是指帳面價值的一半，或是非常低的本益比★。在 1933 年到 1965 年這段期間，人們只要夠努力，很容易就可以找到這類的好交易。葛拉漢投資哲學的問題在於，投資人必須在股價超過它的內含價值時將它賣掉。在他而言，沒有所謂擁有一家公司二十年或更久、靠它的基礎經濟條件，讓公司成長並提升股價這種事。

　　蒙格和巴菲特了解到有些公司有著非比尋常的經濟條件，可以讓它們的內含價值隨著時間而增加。這類令人驚奇的公司實際上類似於利率（營收）會不斷累加的股權債券。舉例來說：當波克夏在 1988 年開始購買可口可樂的股票（數字經過除權調整），這家公司的每股盈餘為 0.18 美元，同時它每年的每股盈餘成長率為 16%。波克夏購買價大約是每股 3.24 美元，本益比相當於十八。對葛拉漢這一派的人而言，已經太高。不過蒙格和巴菲特看出了一些葛拉漢沒看到的事：這公司的長期經濟條件讓本益比十八，也可以是好投資。他們把可口可樂的

★　本益比（price-to-earning ratio），是每股市價除以年度每股盈餘的值，是最常被用來衡量股價是否合理的標準。

股票看成類似於股權債券，一開始它付出的報酬率是 5.55 ％
（0.18 美元的每股盈餘除以 3.24 美元等於 5.55 ％），它會隨
著可口可樂每股盈餘持續增加而逐年提高；而且長期而言，隨
著公司獲利的成長，市場會推高它的股價。

所以，波克夏怎麼做？它一開始在 1988 年在可口可樂投
資的 12.99 億美元，過去二十七年來已經成長為 171.84 億美
元，等於過去二十七年來年化報酬率為 10.04 ％，這甚至還
沒有算到這段期間收到的股利。光是在 2015 年，可口可樂就
付給了波克夏 5.28 億美元的股利，等於是波克夏最初投資的
12.99 億美元得到了 40％的年度股利報酬率。在未來五年，可
口可樂大約將付給波克夏 26.4 億美元的股利。看來不管什麼
東西配上可樂，滋味都會變得更好。錢配上可樂也不例外。

7

葛拉漢的錯誤
GRAHAM'S ERROR

「葛拉漢想當一個投資人，還有很多要學的。他評估公司價值的想法脫胎自華爾街大崩盤和美國大蕭條如何造成他的損失……。他從此一直處在恐懼的餘波中，所有設計理念都基於遠離恐懼。」

◆

"Ben Graham had a lot to learn as an investor. His ideas of how to value companies were all shaped by how the Great Crash and the Depression almost destroyed him... It left him with an aftermath of fear for the rest of his life, and all his methods were designed to keep that at bay."

1929 年 10 月 29 日的華爾街大崩盤重創了葛拉漢，接下來 1932 年的股災，更讓他損失慘重。在 1929 年的崩盤之後，股價開始上揚，到了 1931 年已經上漲了 30 ％。1932 年的股災完全出乎預期，也是二十世紀情況最嚴重的一次。股價下挫了 89 ％。如果你在 1929 年 9 月 3 日投資了道瓊公司 1000 美元，到了 1932 年 7 月 8 日會只剩下 109 美元。

　　往後為了自保，葛拉漢發展了一套安全邊際（margin of safety）的概念，這是一套基於債券分析和對破產的恐懼，用量化方式評估股價的方法。他會找尋一些每股價格低於帳面價值的公司。可以說他發展了一個「評估整個公司」的買股策略。他會評估，假設整家公司價值 1000 萬美元，接著他估算這家公司在股市的價格。如果它在外流通的股票有一百萬股，每股售價是 6 美元，那麼他就可以看出股市評估這家公司的整體價值是 600 萬美元。但是，它的內含價值是 1000 萬美元，這給了他 400 萬的安全邊際。如此一來，即使股市崩盤，這家公司內含價值最終還是會把它的股價拉回來。

　　這套邏輯問題在於，一旦股價到達內含價值，照理說他就要把投資賣掉。他不可能像蒙格和巴菲特這樣，持有一檔股票三十年或四十年。如果他在 1974 年，股價只有它帳面價值的一半時，買下了波克夏海瑟威，他會在 1980 年股價到達帳面價值時將它賣掉。如此一來，他就不可能在 2016 年，還持有每股價格 21 萬美元的股票。他的投資哲學是用來幫他賺錢和保護他不賠錢，但是這也讓他無法得到一個偉大公司在十年、二十年、或更多年後，透過複利效應創造出的利益。

8

稍安勿躁
SITTING ON YOUR ASS

「投資時屁股要坐穩點。你付給仲介的錢會少一
點，你聽到的八卦也會少一點，一旦奏效，國稅
局每年會多收你 1％、2％ 或是 3％ 的稅。」

◆

"Sit on your ass investing. You're paying less to brokers, you're
listening to less nonsense, and if it works, the tax system gives
you an extra one, two, or three percentage points per annum."

這個重要的投資哲學認為，人們如果買一家經濟條件特別有利的公司，並且長期持有，要比經常買進賣出、試圖對股市趨勢做出預測要好得多。不斷地買進賣出代表著要不斷被課稅。如果持有一項投資二十年，按照蒙格的說法，你只需要付一種稅，那就是每年多出來的 1 ～ 3 % 的獲利。

雖然多出來的 3 % 聽起來不太多，不過想一下：一個 100 萬美元的投資一年複利是 4%，在第二十年將成長到 2,191,123 美元。多加上了 3%（4 % ＋ 3 % ＝ 7 %），所以百萬美元的投資以 7% 的複利持有，到了第二十年總值，會是 3,869,684 美元。

蒙格了解的是，對一家經濟條件特別有利的公司而言，時間是它的好朋友；不過對平庸的公司而言，時間可能是個詛咒。

9

智慧的開端
THE DAWNING OF WISDOM

「承認你有所不知，是智慧的開端。」

◆

"Acknowledging what you don't know is the dawning of wisdom."

我們變得越聰明，就會越了解我們實際知道的有多麼少。承認我們不知道的事，讓我們自己有機會學得更多；這就是智慧的開端。

在蒙格的投資世界中，有所謂的「能力圈」，這個圈子裡頭包含了所有他有能力理解和評估價值的公司。另外，還有在這個圈子之外，他所不了解、無法評估價值的公司。承認自己有所不知，可以避免一個投資，或者也可以藉此多加學習，看自己是否能夠對它了解到能夠評估價值的程度，將它也納入自己的能力圈。在蒙格的人生歷程中，他不斷擴大他的圈子，其中包括保險業、銀行、報紙、電視、糖果公司、航空公司、工具製造業、皮鞋製造業、內衣生產、電力公司、以及投資銀行。蒙格通往這些智慧的開端，都是始於先承認自己不懂什麼，然後設法解決。

10

分析師
ANALYSTS

「在企業界，如果你有分析師、夠認真努力、卻
沒有常識，你已經掉入地獄了。」

◆

"In the corporate world, if you have analysts, due diligence,
and no horse sense, you've just described hell."

我想蒙格的意思是，如穆迪（Moody's）這類評等公司，常它們從華爾街的投資銀行收取幾百萬美元，由分析師發布新的評等報告時，我們最好小心謹慎一點。評等公司有非常強烈的誘因，要為投資銀行的金融商品，做出盡可能最高的評等——即使它的產品實際上並不具備這麼好的評等。這正是促成房市泡沫，隨後股市崩盤，以及 2007 ～ 2009 年金融海嘯的原因。我們如今面對的問題是，評等公司為投資銀行塗脂抹粉美化評等的經濟誘因依舊存在。被你騙一次，你真該死；被你騙第二次，該死的是我自己。

11

定價錯誤的賭博
A MISPRICED GAMBLE

「你找的是定價錯誤的賭局。這叫做投資。而你
必須懂得夠多，才有辦法知道這個賭局裡的定價
是不是錯了。這叫做價值投資。」

◆

"You're looking for a mispriced gamble. That's what investing
is. And you have to know enough to know whether the gamble
is mispriced. That's value investing."

當一家公司的股價與它長期經濟展望不相吻合時，它就是一樁定價錯誤的賭局（mispriced gamble）。這個錯誤定價可能是高估了，也就是說股價明顯高估了這家公司長期的經濟展望。或者它也可能是低估，也就是股價大幅低於公司的長期展望。當股市價格下跌，這個公司的價值相對於它的長期展望而言是被低估了。它的股價越低，定價錯誤就越大。這時贏面在你這邊，也是你該買進的時候。買進一家長期經濟條件有利，而股價被錯誤低估的公司，對你而言很有價值。這種定價錯誤的現象為什麼會出現？因為一些機構的短視本質，主要來自共同基金和避險基金，它們是股市裡主導的玩家，但它們關注的只是一家公司在未來六個月內股價的走向。蒙格正好相反，他只關注一家公司背後的經濟條件在未來十年的走向。這二者之間的偏差，創造出了他定價錯誤的賭局——也就是他買進的機會。

12

分散投資
DIVERSIFICATION

「對著分散投資這座神壇膜拜，我真覺得他們都
瘋了。」

◆

"This worshipping at the altar of diversification, I think that is
really crazy."

分散投資是用來保護財金顧問和股市仲介，免得他們看起來很糟，不過它也讓他們無法看來很厲害。分散廣泛的多元投資會出現的結果，比如說，投資組合持有超過五十種不同的股票，就是賺錢的股票會被賠錢的股票抵銷掉，就和賠錢股票可以靠賺錢的股票彌補一樣。分散投資所創造出來的，基本上就是在複製市場或是指數基金★的情況。建議分散投資的顧問看起來永遠不會很厲害或是很糟糕，而是很普通。

　　蒙格發現，假如我們以合理的價格投資在經濟條件很有利的公司，我們可以把持有股票的公司數量，限制在十家以下，便可保護自己免於非預期的失敗，並維持我們的投資組合在十到二十年之間良好成長。就像俗語說的，太過分散的投資，最後就像一座動物園。相較起來，用銳利的眼光顧好籃子裡的十顆蛋要容易許多。

★　指數基金（index fund）是一種被動式投資。它根據某個指數構成的標準來購買該指數的全部或部分證券。目的是要達到和該指數同樣的收益水準，與市場同步成長。

13

何時下重注
WHEN TO BET HEAVILY

「你應該要牢記，好的主意不常出現——大好機
會找上門時，要多押一點籌碼。」

◆

"You should remember that good ideas are rare—when the
odds are greatly in your favor, bet heavily."

當大好的投資機會就擺在眼前，許多投資人往往也只是淺嚐即止。這並不是賺大錢的方法。什麼時候叫做機會大好？當某些總體經濟事件導致股價崩跌時，蒙格會盡可能大量買進。要記住，按照蒙格的邏輯，在股價下跌時對我們就越有利，只要我們投資的公司就長期而言有良好的經濟條件。這種情況出現時，蒙格的建議是我們要押大！

14

一窩蜂
THE HERD

「跟著廣大股民一窩蜂選股，我們會退化到不賺不賠。」

◆

"Mimicking the herd invites regression to the mean."

蒙格告訴我們的是，如果我們投資指數基金，結果不會比投資人的一般平均更好。我們永遠無法超越平均數，而平均數也可能代表著賠錢，如果我們在股市多頭格局的巔峰買下指數基金隨後市場重跌，我們可能連續幾年都要賠錢。依照蒙格的邏輯，我們應該趁別人賣出時買進，這是我們隨著股民起舞時不容易做到的事。

15

先見之明
FORESIGHT

「我從來無法準確預測。我也不靠預測準確賺錢。我們只是常買到好公司，然後就待在那裡。」

◆

"I've never been able to predict accurately. I don't make money predicting accurately. We just tend to get into good businesses and stay there."

蒙格並不擅長預測未來，不管是天氣、選舉、經濟、或是股市──尤其是股市。財金媒體關於股市未來會如何的種種傳聞，對他而言只是無意義的噪音。他只會專心尋找可以用合理價格買到的好公司。不過，他可以準確預測的一件事：股市將會出現瘋狂的漲勢與高股價，且隨之而來的通常是一連串重挫和股價低迷。他有辦法準確預測這些情況什麼時候發生嗎？不能。不過他知道它們早晚會來──他只需有耐心等著它們出現。

16

金融危機就是機會
FINANCIAL CRISIS EQUALS OPPORTUNITY

「如果你和我一樣經歷過 1973 ～ 74 年或是 1990 年代初……連想要脫離鄉村俱樂部都得排隊──你就知道情況有多困難。如果你活得夠久，你就會見識到。」

◆

"If you, like me, lived through 1973–74 or even the early 1990s... there was a waiting list to get OUT of the country club—that's when you know things are tough. If you live long enough, you'll see it."

美國在 1973 ～ 74 年經歷一次經濟衰退，然後 1990 年代初又遇上一次，帶來了失業和股價大跌。1973 ～ 74 年的衰退是油價上漲所引起。它持續了二十四個月，導致道瓊工業平均指數損失 45 % 的總值。90 年代初的衰退同樣是油價上漲的結果，不過也是因為 80 年代過度建設，造成了辦公大樓營造業不景氣。這次的衰退持續了八個月，道瓊股市總值損失了 18%。

在 2001 年，距離經濟大衰退開始還有六年的時間，蒙格就已經預知另一場經濟大動盪終將會出現。他說中了。2007 ～ 09 年這段期間經濟崩潰，股價下跌，道瓊損失 54 % 的總值。他怎麼知道它會發生？因為他知道金融危機的循環其實是資本主義的本質。一個過度操作槓桿的銀行體系，加上投機狂熱，有可能創造極不穩定的投資泡沫，最終泡沫破裂並拖垮整個經濟。

我可能說得不太得體，我應該說對於不時的衰退／崩盤，在蒙格的買股策略早就做好設定。蒙格和巴菲特都會囤積著現金等待衰退／崩盤的到來，即使這意味著他們在等待這個注定的結果之前，會因為持有現金而減低了他們的報酬率。當股市崩跌的情況出現，他們開始進場買進。在 1990 年經濟衰退期間銀行股重挫，波克夏把握大好機會，以 2.89 億美元買下了富國銀行（Wells Fargo）五百萬股的股票。如今這五百萬股拜股票分割之賜，已經成長至四千萬股，總值大約在 19 億美元。扣除股利，這等於給了波克夏這二十六年期間 7.5% 的年化報酬率。錦上添花的是，當初波克夏 2.89 億的投資，如今一年還可以分到 5,920 萬美元的股利——等於是最初投資有 20.4 % 的年度股息支付率。蒙格自己說過很多次，他並不是靠腦筋賺大錢，他是靠耐得住性子賺大錢。

17

關鍵在現金
CASH IS KEY

「想變有錢的方法是在你的支票帳戶裡保留
1,000 萬美元，以備好生意隨時出現。」

◆

"The way to get rich is to keep $10 million in your checking
account in case a good deal comes along."

蒙格主張要保留 1 千萬美元的現金,而波克夏則留了 720
億美元的現金等著好機會出現。現金收支不甚光彩的報酬率只
是他們的權宜之計——用一開始不理想的報酬率,來換取找到
以合理價格賣出的優秀公司可帶來的長年高報酬率。這是蒙格
投資公式裡幾乎必定被誤解的部分。為什麼呢?因為大多數投
資人絕對設想不到,年復一年抱著一大筆現金等待好的投資,
怎麼會是一個必勝的投資策略,更不用說這是讓他們超級有錢
的策略。

18

投資信心低落的世代
A DEMORALIZED GENERATION

「1930 年代初期以及『強盜大亨』*時代的資本
家作風……讓股票產生的股息,達到債券利息的
兩倍。那是個買股票的美好年代。我們因為前一
個世代造成的投資人信心低落,反而從中獲利。」

◆

"Thanks to the early 1930s and the behavior of the capitalists
in the robber-baron days... stocks yielded dividends that were
twice as much as the interest rates on bonds. It was a wonderful
period to be buying stocks. We profited from others'
demoralization from the previous generation."

1929 年和 1932 年的華爾街股市崩盤嚴重折損了股價，一直要到 1954 年道瓊工業平均指數才回到了 1929 年的高點。許多人失去了所有的財產。這也讓一般的投資大眾有近三十年的時間對普通股的興趣缺缺。不少股價受到華爾街崩盤影響的公司，到了 1940 年代已經恢復到可獲利的狀態，但是卻沒人對持有這些公司的股票有興趣。

　　為了吸引投資人，這些公司必須付出幾乎是債券兩倍的股息給投資人。蒙格和巴菲特展開他們的投資新體驗，買下了這些公司的股票，它們支付較高的股息而且股價往往低於帳面價值。當 1950 年代末和 1960 年代初普通股的投資慢慢恢復流行後，公司的股價開始回升，也讓蒙格和巴菲特成了億萬富豪。

　　在 1960 年代末期，獲利已開始消退，大約到了 1972 年基本上已無利可圖；多頭市場把所有公司價格都高估了。

★　強盜大亨（robber-baron）原本是指封建時代搶劫通過領地遊客財物的封建主。後來專指靠殘酷剝削手段致富的資本家。

19

耐心
PATIENCE

「我成功是因為我的注意力特別持久。」

◆

"I succeeded because I have a long attention span."

耐心是一種美德，在投資的賽局中它也是一種資產。多數人以為它的意思是一直耐心坐等某個投資，等著它的價值上漲。在蒙格的世界裡，它同時還代表耐心地抱著一大堆現金等待某個優秀的公司股價重挫；它還代表著有耐心專注尋找股價合理的卓越公司。要成為偉大投資人需要的強大專注力，與要成為律師或醫師所需的專注力並無兩樣。

20

股價
STOCK PRICES

「很遺憾的是，整體而言可能有大量且愚蠢的過
多資金投進了普通股的股價裡。對股票價值的評
估，有一部分是像債券一樣，大致根據它們在未
來賺錢的使用價值來做理性預測。但是它們的價
值評估也有部分像林布蘭的畫，購買它們主要是
因為它們的價格到目前為止都還在漲。」

◆

"It is an unfortunate fact that great and foolish excess can
come into prices of common stocks in the aggregate. They are
valued partly like bonds, based on roughly rational projections
of use value in producing future cash. But they are also valued
partly like Rembrandt paintings, purchased mostly because
their prices have gone up, so far."

這一段非常有趣，同時也暗藏了讓蒙格達成驚人鉅富背後的一些思考過程。

首先，關於債券的部分：有些公司——不是全部，而是某些公司，它們的企業創造穩定的盈餘和持續的盈餘成長。蒙格和巴菲特相信，屬於這類特別企業的普通股價值可以像債券一樣評估。也就是說，如果一家公司每股可以賺一美元，而它的每股股價是 10 美元，我們就可以把這支股票視為是盈利 10% 的股權債券 。如果這家公司每年盈餘成長為 5%，我們這兩位就會說他們買了一個一年盈餘 10% 且每年成長 5% 的「股權債券」★。他們把它想像為一支報酬率不斷擴展的「股權債券」，它會隨著時間而抬高這家公司的價值，並因而提高它的股價。

林布蘭的畫作的比喻，指的是藝術大師的作品市場是由需求所推動，而需求往往是由售價漲跌的快慢所決定。同樣的情況在股市也是如此：一支快速上漲的股票會吸引更多的買家，而快速下跌的股票則引來更多想脫手的賣家。當一項資產的泡

★ 股權債券（equity bond）指的是附認股權的公司債券。這類的投資以一定的比例還本，同時附加上股權交易損益的結果。

沫破裂而股權工具的需求消失時，人們會用任何價錢賣掉他們持有的林布蘭畫作和股票，因為他們迫切需要現金。對蒙格和巴菲特而言，購買一家絕佳公司的「股權債券」的時機，是當其他所有人都想賣掉林布蘭的畫的時候。

21

愛必達
EBITDA

「我認為每次你看到 EBITDA 這個字，就應該把
它代換成『狗屎利潤』。」

◆

"I think that, every time you see the word EBITDA, you
should substitute the word 'bullshit earnings.'"

EBITDA（可簡稱為愛必達）這個字代表「未記利息、課稅、折舊、攤銷前的利潤」（earnings before interest, taxes, depreciation, and amortization）。蒙格認為利息、折舊、和課稅都是實際需支付的費用。利息和稅金都是交易當年就必須支付；折舊則是往後必須付出的成本——像是工廠和設備，最終都會有更新的需要。這些隨後的更新都是資金成本。而資金成本有可能摧毀掉一個原本似乎很理想的企業。照蒙格的看法，如果我們依照 EBITDA 來判定一家公司的獲利，我們得到的將是對這個公司經濟狀況不切實際的看法。

22

金融公司是危險品
DANGERS OF
FINANCE COMPANIES

「複雜的東西，本質上就可能存在欺騙和錯
誤⋯⋯。金融公司尤其如此，就算是政府經營的
也一樣。如果你想從金融公司得到正確的數字，
那你就找錯地方了。」

◆

"Where you have complexity, by nature you can have fraud
and mistakes... This will always be true of financial companies,
including ones run by governments. If you want accurate
numbers from financial companies, you're in the wrong
world."

金融公司到底多複雜？蒙格認為在一家公司倒閉之前，幾乎不可能知道它有沒有出問題。看看雷曼兄弟的例子：一年前它每股交易 65 美元，是華爾街禮讚致敬的對象；一年後它破產了。保險業的巨人 AIG（美國國際集團）以及投資金融巨頭美林公司也是如此：一年之前它們還被當成是全世界最穩固的金融公司，一年後它們必須向美國政府乞憐討錢。

　　什麼原因讓金融公司這麼複雜？金融公司能夠在監督者和投資分析師的偵查下隱藏風險，靠的就是衍生性金融商品。以 AIG 為例，我們不可能看出它的次級抵押貸款所有的信用違約交換，因為它從沒有提列任何存款準備來彌補損失。這意味著這家公司的風險暴露★，被隱藏在公開調查之下。你可能看了雷曼兄弟的年度報告一百次，也看不出它借了數千億美元的短期貸款，再把它們借出做為次級抵押貸款的資金，然後又拿這些次貸再抵押來借更多的錢。商業銀行有可能利用衍生商品在外匯市場做大量的投機盤，但是會計監管卻無法查明──一直到這個公司損失幾億美元之後，我們才會從財經新聞裡讀到這些消息。關於金融公司的蒙格定理，其實很簡單：金玉其外很可能敗絮其中。

★　是指金融機構在各種業務活動中，容易受到風險因素影響的資產和負債的價值，或說暴露在風險中的頭寸狀況。

23

過度自信
OVERCONFIDENCE

「再聰明的人也可能過度自信,在專業上鑄成大
錯。」

◆

"Smart people aren't exempt from professional disasters from overconfidence."

這裡蒙格提到的是長期資本管理公司（Long-Term Capital Management，通稱 LTCM）的倒閉，它是由華爾街知名債券交易員梅里維瑟（John Meriwether）在 1990 年代末期成立的一家避險基金。梅里維瑟從華爾街和學術界帶來了一群最聰明的人，包括幾名諾貝爾獎得主在內的數學和經濟學博士們。這群聰明的腦袋設計出了，利用大量槓桿操作債券和衍生性金融商品的投資策略，如果情況一如他們的預期，可以為他們合夥的投資基金帶來驚人的報酬率。問題在於這個策略也可能帶來很慘重的失敗。

梅里維瑟認為公司可以利用債券利差（bond spread）的交易策略來自我保護。它會衡量兩個過去利差非常類似的債券。例如：在一月份和三月份交易的兩個兩年期國債之間的利差。如果一月和三月國債的利差相對於過去歷史平均數出現大幅增加或減少，LTCM 就會買下其中之一並賣出另一個，把賭注押在未來兩個利差必定會再拉平——確實也都是如此，因為兩者幾乎可說是同樣的債券。

LTCM 通常動用不到 1 % 的交易量。這聽起來也許不多，不過它所操作的 1,240 億美元資金乘以 1 %，等於是 12.4 億

美元的獲利。一年做個幾次下來，投資人的股權投資已經出現
47 億美元的驚天報酬。在開始運作的第二年，梅里維瑟為投
資人在 LTCM 投資的資金賺到了 43% 的報酬率，在接下來一
年則是 41%。

一切進行順利，直到 1998 年俄羅斯震驚了全世界，在同
一個星期內宣布不履行國內債、貶值盧布、並公告延期支付對
外國的信貸。債券市場陷入恐慌，LTCM 的利差操作方向完
全錯誤，讓公司立即出現鉅額的虧損。當這情況一出現，貸款
給 LTCM 總額達到 1,200 億美元的各家銀行立刻要求（1）更
多的抵押，或（2）還錢，兩者當然都無法如願。可以說在一
夜之間，LTCM 已無償債能力。紐約的聯邦儲備銀行介入，
並組織了華爾街的幾家銀行接管 LTCM，投資人絕大部分的
錢都泡湯了。

蒙格告訴我們的教訓是，超級聰明的人和大量槓桿兩者的
結合，往往以大災難收場。我可能要再補充一句，非常笨的人
和大量槓桿的結合，通常同樣也是大災難。

24

投資經理人
INVESTMENT MANAGERS

「我認識一個人，他非常聰明，而且是很有能力
的投資人。我問他：『你會告訴你公司的客戶能
幫他賺多少報酬率？』他說：『 20 ％。』我不
敢置信，因為他心裡很清楚這是不可能的事。但
是他說：『蒙格，假如我告訴他們的數字再低一
點，他們就不會拿半毛錢給我投資！』」

◆

"I know one guy, he's extremely smart and a very capable
investor. I asked him, 'What returns do you tell your
institutional clients you will earn for them?' He said, '20%.'
I couldn't believe it, because he knows that's impossible. But he
said, 'Charlie, if I gave them a lower number, they wouldn't
give me any money to invest!'"

蒙格認為，拿佣金幫人做投資管理的這門行業太瘋狂，因為他說：「人人都想做投資經理人，儘可能募集最多的錢，不停地瘋狂進行交易，然後從上頭刮取他的佣金。」為什麼他們運用我們的錢如此莽撞？因為那不是他們的錢！比如說我經營一個避險基金；你拿你的錢給我做投資，而我用它來幫我借更多的錢。接下來我用你的錢和我借來的錢拿去做一場大賭注。如果成功了，你賺了一大筆錢，我也賺了一大筆佣金。這是雙贏。但是如果我輸了，該哭的人是你和銀行，不是我。對避險基金而言，這是很好的商業模式。不過，首先第一步是要先拿到你的錢。第二步則是它必須手上一直抓著你的錢──它不希望你退出，然後去找別人。所以它會怎麼做？

　　避險基金募集錢和留住錢有兩條定律。**第一個定律**：先給投資人畫大餅，因為避險基金如果不先跟你保證賺大錢，你就不會拿錢來投資。**第二個定律**：拿你的錢去做保守投資的避險基金都做不了太久，因為在隔壁猛力操作槓桿、擲骰子博大小、而且還贏錢的那家基金，會有高出一大截的報酬率。這表示在一、兩年內你就會出於貪心而離開這個表現遜色的保守基金，換到隔壁會賺錢、高槓桿操作的大賭客那邊去。所以對避險基金來說，拿你的錢做保守投資，根本沒有經濟上的好處。

沒有錯，他們幾年之後可能讓你賠掉一大堆錢，但是他們賠掉你的錢之後，你只會再去找一家會畫大餅的基金，而賠了你的錢的基金經理人則是走人後再開另一家基金。不相信？先想想看這個：知名的華爾街債券交易員梅里維瑟在 1998 年弄垮了長期資金管理公司（LTCM）之後，他在 1999 年創辦了另一家基金「JWM 合夥人」，他成功經營了八年，資產累計達 30 億美元。接著 2007 ～ 09 年的金融危機讓他損失了 44% 的資金資產，他不得不關門。隨後在 2010 年他又開了另一家基金，「JM 顧問管理公司」。

避險基金商業模式的經濟現實，迫使所有的避險基金都只能瘋狂地操作槓桿，擲骰子博大小。這也解釋了為何他們每個人都要這麼做。不過。我們也不需絕望，因為這丟骰子的傻瓜行為，讓他們自己變成了大禮，送給了像蒙格這類人許多絕佳的投資機會。

25

等待
WAITING

「等待有助於你成為一名投資人，而許多人就是
無法忍受等待。」

◆

"It's waiting that helps you as an investor, and a lot of people
just can't stand to wait."

十七世紀的數學家巴斯卡說：「所有人性的問題都源自於，人無法獨自一人靜坐在房間裡。」蒙格也同意。你必須等待對的公司、一家有持久競爭優勢的公司，以對的價格出售。所以當蒙格說等待時，他的意思是該等多久就等多久，有時可能一等就是好幾年。巴菲特在 1960 年代末期從股市退場，然後他足足等了五年，才找到他有興趣買的東西。1990 年代末期的網路泡沫時，蒙格和巴菲特放棄在股市找尋要買的東西，直到 2003 年他們才又發現到自己要的公司。不過，等待對大多數投資人而言，並不是一件容易的事。同樣的道理也適用於共同基金和避險基金的經理人；他們被迫做出每一季的報表，因此等個好幾年找出某個值得買的好東西，根本不在他們的考慮範圍內。

等待還不只是等著找到要買的東西。一旦你買下了一支股票，你還必須等待這家公司的底層經濟條件讓公司成長和提升它的股價。當蒙格和巴菲特說他們打算永久持有一項投資，他們意思就是永遠！在華爾街有誰做過這種聲明？這也是蒙格和巴菲特從不擔心別人模仿他們的投資風格的原因之一——因為不會有其他的機構或個人有這樣的紀律或耐心，能夠如此長長久久的等待。

26

避稅計畫
TAX SHELTERS

「在我漫長人生裡所見過的商業錯誤中，我得說過度在意減少繳稅是造成愚蠢錯誤的典型原因之一……。從現在起，不管任何時候任何人提供你避稅投資，我的建議是別理他。」

◆

"In terms of business mistakes that I've seen over a long lifetime, I would say that trying to minimize taxes too much is one of the great standard causes of really dumb mistakes... Anytime somebody offers you a tax shelter from here on in life, my advice would be don't buy it."

蒙格看出了有些人在投資判斷上犯了不可置信的錯誤，是因為他們對避免繳稅在意的程度超過了賺錢。他們投資的一些避稅計畫（tax shelter），對避免繳稅可能很管用，但實際上對投資事業卻很糟糕，許多計畫到頭來損失的錢比它們幫忙省下的稅金還要多。蒙格和巴菲特著手打造波克夏海瑟威，讓公司本身成了一個合法的避稅投資。他們的做法是公司絕對不支付股息，因而避免了股息付給的稅金，同時，他們也靠持有自己的波克夏股票五十年不賣來避稅。這讓獲利可以留在波克夏公司裡不斷累積。同時他們利用這些累積的利潤，來收購其他的公司以壯大自己的公司。他們的波克夏持股唯一一次需要繳稅，是他們要賣股票的時候。以巴菲特來說，由於他所有的錢都進了慈善基金會，他這些錢永遠不需付一毛錢的稅。蒙格和巴菲特已經有了波克夏海瑟威這個避免付稅的終極工具，你說他們還需要買什麼避稅計畫？

27

持續存在的問題
ENDURING PROBLEMS

「一個罕見的個別案例，比起沒完沒了的麻煩容易忍受得多。」

◆

"An isolated example that's very rare is much easier to endure than a perfect sea of misery that never ceases."

蒙格這裡討論的，是在二十年內可能遇上幾次重大問題的優秀公司，和一家年復一年永遠大小問題不斷的平庸公司兩者之間的差別。「優秀公司」的好例子是可口可樂。在過去五十年來，可口可樂曾經搞砸過兩次：一次是它投入了電影事業，另一次則是它更改旗艦產品的配方，推出了「新可樂」（New Coke）。可口可樂兩次解決問題的方法就是，放棄它們。老是烏雲罩頂的平庸公司的最佳例子，則是所有的航空公司——它們有工會的問題、燃油成本的問題、而且是一個削價競爭激烈的產業。

　　這種投資智慧也適用於我們個人生活上；忍受短暫時刻的強烈痛苦，要比忍受年復一年的不幸要容易多了。

28

驚奇
SURPRISES

「對我們有利的驚奇容易處理。真正會帶來麻煩
的是對我們不利的驚奇。」

◆

"Favorable surprises are easy to handle. It's the unfavorable
surprises that cause the trouble."

抱最好的希望，做最壞的準備。為最壞做準備永遠是明智之舉。葛拉漢的「安全邊際」，目的是要保護我們避免最壞的情況。當談到股票時，蒙格是根據價格和品質來界定安全邊際──價格越低，安全邊際就越高；公司體質越好，安全邊際也越高。價格一抬高，安全邊際就開始消失。企業的體質下降，安全邊際也下跌。如果我們以對的價格買一家體質良好的公司，它的安全邊際會保護我們不會蒙受長期的損失，而且隨著時間進展，公司的良好體質會讓事業隨內部發展或收購而持續成長，並帶給我們許多獲利的驚喜。

29

了解賭盤
UNDERSTANDING THE ODDS

「只有在掌握優勢的時候才行動──你必須了解
賭盤而且必須堅持原則,只有在賭盤對你有利時
才下注。」

◆

"Move only when you have the advantage—you have to
understand the odds and have the discipline to bet only when
the odds are in your favor."

這段話好像有點違反直覺。要了解這則建議的意思，就需要稍微補充一點「蒙格史」。在 1960 年代，蒙格和巴菲特各自經營他們的避險基金。隨著 60 年代末期多頭市場盛行，所有股票都已估值過高，仍然遵循葛拉漢逢低買進原則的巴菲特，這時已經找不出任何便宜的股票可買。巴菲特並沒有因此而改變他的投資策略，而是關閉了他的避險基金，並把錢還給了他的合夥人，然後將自己絕大部分的錢投入了美國國債這類的現金等價物中。

蒙格則繼續投資，繼續獲得很好的報酬，直到 1973 ～ 74 年的股市崩盤，這時候合夥人的錢已損失幾近半數，蒙格說這是他人生中最困難的一段時刻。而巴菲特因為在崩盤之前就已出清持股，所以這時的他抱了一堆的現金，而且身邊又圍滿幾十家體質極佳的公司，正以便宜的價格待售。現金滿滿的巴菲特能把它們買下來；但蒙格沒有現金，他無法出手。然而當股市復甦時，蒙格的投資開始回穩，他也幫他的合夥人賺回了原本的損失。不過這次慘痛的經驗，讓他決定關閉自己的基金。

蒙格從這裡學到了什麼教訓？他學到了當股價上漲時，賭盤開始轉向對投資人不利；而股價下跌時，賭盤又開始轉回到投資人這邊。他也學到了，如果在市場上揚時，他全數投資，那麼當股市重跌時，他就會沒有任何現金可拿來投資。賭盤對你多有利都無關緊要；如果你沒有現金可以下注，你永遠一毛錢也賺不到。

30

好公司難尋
A FEW GOOD COMPANIES

「假如你買某些東西是因為它的價格被低估，你就必須考慮當它價格接近你估算的內含價值時賣出。這很不容易。不過，如果能買到一些很好的公司，不用做別的事就能坐享其成。豈不更好。」

◆

"If you buy something because it's undervalued, then you have to think about selling it when it approaches your calculation of its intrinsic value. That's hard. But, if you can buy a few great companies, then you can sit on your ass. That's a good thing."

我們前面談過這個話題，不過它實在太重要了，所以我們
得再說一次。

老葛拉漢購買價格被低估的股票，這種方法是要求投資人
設定某家公司的價值，等這家公司到達這個價值時，把它的股
票賣掉。這種方法可能不靈是因為不只是平庸的公司到達它的
價值時會被賣掉，就連具持久競爭優勢的好公司，也會被我們
賣掉，如此一來，反而扼殺這家公司的背後價值，隨時間持續
擴展而帶來的所有獲利機會。

按照蒙格和巴菲特的理論，有持久競爭優勢的公司，它的
商業經濟條件會隨時間而擴展公司底層的價值，而且時間過得
越久，公司價值擴展越大。所以，一旦我們買下股票，最明智
的方法就是盡可能長期持有這個投資，因為我們持有這個公司
越久，它的價值成長越多，而它價值成長越多，我們也就變越
有錢。

這種情形在波克夏海瑟威公司就可以看出來，它過去五十
年來的交易價格，在 1970 年代初期曾低於帳面價值，到 1990
年代末期則接近帳面價值的兩倍。如果我們在它低於帳面價值

時將它買入，並在兩倍帳面價值時將它賣出，我們可以大賺一筆，不過，卻會錯過波克夏在 2000 年到 2016 年期間大幅擴展的榮景。就如蒙格所言，如果我們選對了公司，得稍安勿躁，坐等財富從天而降。

31

公司所有權
OWNERSHIP OF A BUSINESS

「把股票看成是對公司的所有權,並以公司的競
爭優勢來判斷它的持久性。」

◆

"View a stock as an ownership of the business and judge
the staying quality of the business in terms of its competitive
advantage."

葛拉漢這位價值投資的開山祖，把擁有股票當成是擁有公司的一部分。如果我們從購買一家公司小部分利潤的角度來看投資，我們就可以判定自己的投資是划算還是買貴了。蒙格一開始是先以每股的股價乘以它的流通股票，計算出一家公司要賣多少錢。舉例來說，每股 6 美元的股票乘以一百萬張的流通股票，等於整家公司的市值是 600 萬美元。接下來他會問自己從長期觀點來看，這個公司的經濟實體，到底有多少價值。如果這家公司的價值遠超過它的市值，它就是值得購買的潛力股。如果它價值低於市值，就暫時不予考慮，不過如果它具有「持久的競爭優勢」，他會隨時留意，期待它未來某個時間點，會到達合理甚至划算的價格。

找出一家有長期競爭優勢的公司的意思就是，判斷它是否具有持久性。我們如果要買下一家公司的股票，並持有二十年，我們不會希望它賣的產品，在五年內就過時。波克夏的許多投資都是連續五十年、甚至更久的時間，製造相同的產品、或提供相同服務的公司。事實上，蒙格和巴菲特擁有的大部分優秀的公司——像是可口可樂公司、富國銀行、美國運通（American Express）、瑞士再保險（Swiss Re）、留蘭香（箭牌）口香糖（Wrigley's Gum）、卡夫食品（Kraft Foods）、甚至是被收購之前的安海斯布希啤酒（Anheuser Busch）。他們銷售相同產品或服務都已經超過一百年！當我們談到真正偉大的公司，時間幾乎一定是站在投資人的同一邊。

32

認清現實
RECOGNIZING REALITY

「我認為人人都該認清現實，即使他不喜歡現實；
應該這麼說，特別是當他不喜歡的時候。」

◆

"I think that one should recognize reality even when one
doesn't like it; indeed, especially when one doesn't like it."

蒙格在這裡談的現實，是指一個原本熱愛的投資進入了新的經濟現實的時候——它代表這個公司背後的經濟條件，已經出現巨大變化，曾經偉大的公司如今已不再是一門好生意。對波克夏而言，這種情況不時出現在它的再保險事業中★。再保險事業的產能過剩，意味著有太多現金追逐著太少的企業。這導致價格的下降，意思是說，波克夏已無法從再保險事業賺到太多的錢。大部分的再保險公司不肯接受這種現實，而持續不斷地賣它的再保險——即使這表示它們的再保險業務幾乎已無利可圖。至於在波克夏，則是儘快停止再保險業務，一直會等到價格回升後，才會重新投入賽局。正因為如此，波克夏如今成為全世界最大也是獲利最多的再保險公司之一。

★　亦稱為分保，是保險人將其所承保的危險責任的一部分或全部向其他保險人辦理保險，也就是保險的保險。

33

不做傻事
NOT BEING STUPID

「像我們這樣持續努力不做傻事,而非嘗試表現自己很聰明的人,得到更多驚人的長期利益。老諺語畢竟有些道理:會淹死的都是很會游泳的人★。」

◆

"It is remarkable how much long-term advantage people like us have gotten by trying to be consistently not stupid, instead of trying to be very intelligent. There must be some wisdom in the folk saying: 'It's the strong swimmers who drown.'"

善於游泳的人都喜歡游得離岸邊遠遠的，讓自己陷入麻煩的潛在增加；游泳技術較遜的人則留在岸邊反倒安全。在投資的賽局裡，會陷入麻煩的人，通常是擁有高智商、運用超複雜的交易模式進行數學／量化投資的這類人。蒙格對於華爾街的博士們用來操作股市短期波動的複雜數學模型和交易策略，並不感興趣。他剛好相反：他感興趣的是簡單的投資策略，他認為以長時間來看，這種策略才能讓他獲得卓越成效，而這個策略的基本要領就是，不做任何傻事。對蒙格而言，做傻事的意思就是，花在一家公司的錢超過你可能獲得的價值。

★ 中文裡也有類似的說法：「善游者溺，善騎者墮」。

34

機會
OPPORTUNITY

「你偶爾會遇上一家由卓越的管理者所經營的好
公司。毫無疑問，那就是最美妙的日子。」

◆

"You do get an occasional opportunity to get into a wonderful
business that's being run by a wonderful manager. And, of
course, that's hog heaven day."

蒙格相信,當你有機會買到一家具有巨大潛能的公司,卻沒有瘋狂買進,你就犯了大錯。這裡的關鍵是,當你有機會時就要主動、有攻擊性地買進。問題在於要這麼做,通常是在低迷的股市裡買股票,而對大部分人來說,這是很難做到的事。為什麼呢?因為他們看到其他投資人正在賠錢而害怕,因此膽怯猶豫。機會就在他們的面前,但是他們已經嚇壞了,不敢出手。

　　除此之外,人們在好的時機也可能沒有現金在手。大部分的投資基金已經充分投資;他們不會保留任何現金,原因在於,如果股市上揚而他們沒有充分投資,將會拉低他們的報酬率,這可能讓他們的客戶調頭走人。

　　所以當市場攤平時,投資經理人就陷入恐慌,就算他想要買進,他也沒錢可用。其他所有人也是同在一條沉船上,因此投資經理人看起來並不會比一般投資大眾更糟。不過,蒙格和巴菲特則是例外,他們已經看出船並不是真的要沉沒,此刻正是買股的時機。

35

波克夏海瑟威的未來
THE FUTURE OF BERKSHIRE HATHAWAY

「我來加州的時候碰到一個花花公子，他一天到晚花天酒地，追逐明星。銀行跟他說，這樣的行為讓他們很緊張。花花公子告訴他們：『我告訴你一件事：我的市府債券並不喝酒。』」

◆

"When I came out to California, there was this playboy and he spent all his time drinking heavily and chasing movie stars. His banker called him in and said that he was very nervous about his behavior. He told his banker, 'Let me tell you something: my municipal bonds don't drink.'"

蒙格用這個故事來提醒我們，波克夏海瑟威擁有一批非常卓越的公司，由蒙格和巴菲特親自挑選，它們背後有優異的經濟條件並由傑出的管理者負責營運。一直到他和巴菲特蒙主寵召，去操作天國的牛市很久之後，都還會繼續為波克夏賺進大筆鈔票。

36

金融失智症
FINANCIAL DEMENTIA

「罹患金融失智症的要比性愛失智症多得多。」

◆

"There is more dementia about finance than there is about sex."

確實如此；今天的金融大災難在一兩年內，就差不多被忘得一乾二淨。原因或許在於投資事業賺錢，靠的是投注未來，而不是哀嘆過去。也因為如此，大部分的金融機構注定會重蹈前一年的錯誤。

蒙格明白這一點，並且根據公司的股價在牛市的晚期來決定投資部位，留著大筆預備現金等待即將到來的內爆，並買下隨後出現的機會。他並不需要預測內爆什麼時候發生；他只需要先準備好等待幾年後股價下跌。價格的因素會在股價持續上揚時，阻止他買入股票，這也代表著波克夏正在累積現金。他放棄了在多頭市場的後期獲利的機會，好讓自己在股市崩跌時可以大買特買。大型的投資基金公司則沒辦法這麼做；如果他們在牛市的後期錯過獲利機會，他們的客戶會抱著現金轉投別處。

我記得出席波克夏海瑟威在 1998 年的年度大會時，聽著一個接一個的股東質疑蒙格和巴菲特為什麼都不投資？所有東西都在漲，他倆只是坐在那兒，再三重複說股價太高了。到了 2000 年股市開始崩跌，所有人都在找掩護，換他們就位大舉買進。2008 年，他們又做了一次同樣的事。至於我們怎麼知道什麼時候股價太高？那就是當金融媒體開始報導蒙格和巴菲特已經失去點石成金能力的時候。

37

企業評估
BUSINESS VALUATIONS

「要不是人們老犯錯，我們也不會這麼有錢。」

◆

"If people weren't wrong so often, we wouldn't be so rich."

投資人對企業的評估經常出錯；大多數時間裡，他們會把一家公司的價值，估得遠比它可能賺的錢多出許多。但是這對我們毫無幫助；情況正好相反時，才會對我們有幫助，也就是當他們把公司的價值估得遠低於它長期經濟指標所顯示的，並因此低估了它的價格的時候。當公司股價被低估，就給了蒙格買進的機會。而這正是投資大眾每八到十年都會上演一次的大失誤。

如果你想看看市場在什麼地方嚴重出錯，給了蒙格和巴菲特發揮的機會，你可以查查過去五十年來重大的衰退和股市崩盤紀錄。1962 年的「甘迺迪暴跌」★，給了巴菲特買下波克夏海瑟威的機會。1973～74 年的股市暴跌，給了巴菲特買下華盛頓郵報的機會。當聯邦準備理事會主席沃克（Paul Volcker）在 1978～80 年升息至 14％ 導致股市大跌的時候，波克夏正忙著買進通用食品（General Foods）、雷諾菸草（R. J. Reynolds）、以及時代鏡報（Times Mirror）。在 1987 年 10 月的股市崩盤，給了波克夏機會開始收購可口可樂，直到

★ 「甘迺迪暴跌」（the Kennedy stock market slide）指的是 1962 年 5 月紐約證券市場暴跌，創下了自 1929 年大蕭條以來最大的單日跌幅。

1988 年，還持續大量買進。1990 年的金融衰退給了波克夏機會開始購買富國銀行。在 1990 年代末期的網路泡沫，導致股價大漲，但是沒有人想買老派的實體商店，波克夏買了事達家具（Star Furniture）、冰雪皇后（Dairy Queen）、通用再保險（General Re）和利捷航空（NetJets）。2001 年網路泡沫破裂和九一一事件重創股市時，波克夏分別買進 H&R 布洛克稅務公司（H&R Block）與穆迪投資（Moody's Corporation）的股票。2007 ～ 09 年的次級房貸風暴與隨後的股市崩盤，為波克夏取得了通用電氣（GE）、哈雷摩托車（Harley-Davidson）、美國銀行（Bank of America）、以及高盛較佳的股權或債務；而在 2010 年股市開始復甦時，波克夏得到了在 2007 ～ 09 年股災期間，股價慘跌的柏靈頓北方鐵路公司（Burlington Northern Railroad）的股票。為什麼其他投資人都會弄錯？他們短視而且陷入恐慌，而蒙格和巴菲特則是做長期的盤算，而且很清楚自己要找的是什麼。

38

等待是最困難的
WAITING IS THE HARDEST PART

「你必須要非常有耐心，你必須等到某個東西出現，用準備出手的價格把它買下，很容易。整天呆坐什麼事都不做，只是等待，這違反了人的本性。對我們而言卻很容易，因為我們有很多其他事要做。但是對一般人，很難想像要他呆坐五年，什麼事都不做。你會覺得自己沒行動力，覺得自己沒有用處，於是就做了一些蠢事。」

◆

"You have to be very patient, you have to wait until something comes along, which, at the price you're paying, is easy. That's contrary to human nature, just to sit there all day long doing nothing, waiting. It's easy for us, we have a lot of other things to do. But for an ordinary person, can you imagine just sitting for five years doing nothing? You don't feel active, you don't feel useful, so you do something stupid."

我們稍早之前討論過蒙格對於耐心的看法。不過可能不少人還是心存懷疑，為防萬一，我還是希望你們讀一讀蒙格在 2014 年每日新聞公司年會上對這個主題的說法。這個重要的聲明有助於解釋，創造驚人財富的蒙格公式裡最後一個大謎團。請相信我，我要告訴各位，出席波克夏海瑟威的年度會議的四萬人——當中包括了幾千位投資專業人士——可能只有十個人真正了解這段建議的意思，同時能夠把它付諸行動。因此，我希望逐行逐句，來研究它所有的微言大義。因為這本書如果能讓你得到一點什麼，你會學到的是蒙格對耐心的重視。

　　大部分投資人都缺乏耐心。也因此他們一出門就會跌大跤。為什麼呢？因為股票賣出的價格，幾乎總是遠超過它們長期的內含價值。這是野獸的本能。假如你有天一早醒來決定拿你的錢去投資，你能夠找到符合蒙格標準的投資標的，機率差不多是零。所以你會把標準降低一點，但其實如果你繼續等下去，你可以獲得更多。這就是蒙格所說「容易的事」，因為等待並不需要你付錢給任何人。

　　蒙格的做法與直覺和本性相反，正因如此，它等於告訴你這是個成功的投資策略。因為所有投資策略之中最成功的就是，做一個反其道而行的投資人——與其他人反向操作，在其他人賣出時買進。不急、慢慢來，就是和急急忙忙的人反其道而行，而如今全世界所有人幾乎都想急著賺錢。

　　換個方法思考：蒙格並不是在找投資對象，他只是等著好的長期投資，以對的價格落到他手上。沒有錯，他始終密切注意以確保當它降臨時不會錯過，因此他做大量的閱讀，以確保當它出現時他能看得出來。不過如果它沒有出現，他只會繼續閱讀。這很難做到嗎？想像一下，如果你去找一位投資顧問，然後他告訴你可能要花五年才能找到好的投資。絕大部分人一定是起身離開找下一位投資顧問。等待的確不是人的天性，這也是蒙格相對於我們所有人所具有的優勢。

　　大部分人都很匆忙，他們沒辦法像蒙格一樣等待五年，等著好的長期投資以對的價格出現，而且由於大部分時間股票的價格，都超出了他們的內含價值，大部分投資人最終都以過高價格買進股票。所以我要問大家的問題是：你是那 99% 的投資人中的一個，急著出手以致於用過高的價格做出投資？或者你是蒙格的 1% 俱樂部的一分子，如有必要的話，可以耐心等待五年，找到用對的價格賣出的理想長期投資？

39

勇往直前
WADING IN

「我們有勇往直前的驚人歷史——當情況非常糟糕，所有其他人都按兵不動的時候。」

◆

"We have a history when things are really horrible of wading in when no one else will."

正如在這本書裡，我們一再重複說的，蒙格能夠這麼做唯一的方法就是，他手上抱著一大堆現金，等待某個金融災難帶來的機會。其他投資人不投入的原因是，他們沒有現金可以買任何東西。他們大部分的投資基金都是 100 ％ 投資在市場上。為什麼他們要投資 100 ％ ？因為現金報酬率太低，持有一大堆現金可能嚴重傷害一家基金的表現。

除此之外，有些基金還借貸現金，這表示他們投資超過了100 ％。他們借錢來增加投資人資金的報酬，這同時也為基金經理人創造更多的佣金。因此當市場下跌，完全投資的基金損失了錢，相當多的錢，特別是槓桿操作的基金。市場崩盤時，投資人每天資金進進出出的開放式基金，不只會看到他們的投資組合價值縮水，同時還有投資人以上億美元為單位，不斷抽手、把錢拿回去。

重點是，在空頭市場裡這類的機構──共同基金、避險基金、和其他類似的公司，如今已經沒有條件去買進任何東西。這留下了一大堆唾手可摘的果實給蒙格和巴菲特這樣的人去摘取。

40

學院巫術
ACADEMIC SORCERY

「大致說來，我不會太在意財金教授們說什麼。
那是巫術的領域。」

◆

"By and large I don't think too much of nance professors. It is
a field with witchcraft."

財金教授們最大的問題——除了沉迷於分散投資的平庸性以外，在於他們宣揚效率市場的理論。基本上這個理論認為市場是有效率的，所以沒有人可以打敗市場，我們所有人注定會得到平均的結果。財金教授們完全搞錯的地方是，由長期觀點來看，個別的公司會出現無效率的時刻，那是當短視的「有效率」股市對它們的長期經濟效益，做出錯誤股價的時候。這些財金教授並不像蒙格一樣研究過群體生物學，他們無法理解多重的拓展策略會彼此互相作用，以致於某個策略的效率會帶給另一個策略的無效率。

我來給各位舉個例子：當股市陷入恐慌，致命崩盤就在眼前，投資大眾紛紛躲避、設法變現求自保，導致了股價下跌。從短視的觀點來看，就市場對訊息做出的反應是有效率的。而「無效率」則是出現在投資人急著退場，導致股價下跌，造成公司的股價相對於公司長期經濟價值定價過低。為什麼市場會定錯價格？有可能是在恐慌時刻市場已顧不得企業的長期價值，或者是（而且是）因為市場根本沒看出它們長期經濟價值。蒙格和巴菲特買進可口可樂和富國銀行的情況，就是如此。

多年來蒙格和巴菲特持續精進他們的策略，持有大量的儲備現金，並且只鎖定具持久競爭優勢的公司。不過他們的長期拓展策略完全是，依賴於短視的股市以有效率的方式運作，創造出從長期觀點看來無效率的短暫片刻。這就是蒙格能戰勝平均值的律則，並證明財金教授們及他們的財金咒語不靈驗的方法。

41

貪婪的銀行家
GREEDY BANKERS

「房屋抵押貸款成了賺錢的骯髒手段。銀行找到無法處理金融信用的人，濫用並慫恿他們的愚行，來製造非常高的回報——我認為這不是銀行的賺錢方式。賺錢應該要賣一些對客戶有好處的東西。」

◆

"Mortgage lending became a dirty way to make money. You take people that can't handle credit and try to make very high returns by abusing and encouraging their stupidity—that's not the way I want to make money in banking. You should try to make money by selling people things that are good for the customer."

過去，銀行把房屋抵押貸款記在自己銀行的帳上，所以他們對借貸的對象非常小心翼翼。不過後來商業模式變了，銀行開始賣其他公司抵押房貸的擔保債券。他們不用再在乎錢借給了誰，因為他們只需要把他們擔保債券儘快賣掉就好了。這場賽局變成了只要賣出更多的抵押房貸，銀行就越賺錢。萬一屋主付不出錢，誰管他？銀行根本就不受影響。這也就是為什麼銀行業會從一個領無聊薪水的無聊生意，變成薪水誇張到不行的刺激生意。

42

投資銀行
INVESTING IN BANKS

「我認為任何人對銀行家沒有好感,就不應該投資銀行。銀行業對投資人而言,是一個非常危險的地方。沒有深刻的認識,就離它遠一點。」

◆

"I don't think anyone should buy a bank if they don't have a feel for the bankers. Banking is a business that is a very dangerous place for an investor. Without deep insight, stay away."

蒙格和巴菲特在銀行的投資有一個基本特色，那就是他們必定會讚賞他們所投資銀行的經營管理。他們讚賞的是，管理上執著於營運的效率（這讓成本壓低）以及風險管理，這避免了持有大量部位的衍生商品和不牢靠的抵押房貸。不管是富國銀行或美國合眾銀行（U.S. Bank）或美國銀行，重點都是在它管理的品質和管理的廉正。

　　為什麼要著重管理？因為管理的品質是蒙格和巴菲特可以實際接觸、感受得到的。至於一家銀行的財務報告，往往是雲山霧罩，連最好的金融分析師都未必能解。

43

沒有單一 公式
NO SINGLE FORMULA

「沒有所謂的單一公式。你必須對做生意、對人性、還有對數字很了解……。期待一套神奇的系統幫你做好這些事，是不切實際的。」

◆

"There isn't a single formula. You need to know a lot about business and human nature and the numbers...It is unreasonable to expect that there is a magic system that will do it for you."

大家總希望能找到一本書教他們用一個簡單的方法賺大錢。實際情況並非如此，除非他們真的非常走運。實際上，閱讀一百本企業傳記可能好過讀一百本投資理財的書籍。為什麼呢？因為如果我們學習一百個不同商業模式的歷史，我們會學到企業何時會遇上困難，以及他們是如何度過難關；我們也學到讓這些公司成功，或者沒那麼成功的原因在哪。這也讓我們了解，一家公司是否有某些對它有利的持久競爭優勢，這是決定它能否成為理想的長期投資目標的關鍵。

　　光閱讀商業書籍還不夠；我們應該還要加上幾個學期的會計學（它是商業用的語言）、幾個學期的經濟學、以及一堂關於中央銀行的好課程，以了解聯邦準備銀行對於挽救市場具有的威力（大部分的企管課程對此付之闕如）。如此一來，我們找尋理想投資目標時，便可搶占先機。不過接下來，找尋好投資，還需要更多的閱讀——所以一年大概要讀兩、三百份的公司年度報告，以及每天閱讀《華爾街日報》。

　　現在你應該可以明白，為什麼大部分人希望找到一個簡單、容易操作的系統供他們使用。好玩的地方在於，這些人往往是在股市做出蠢事的一群人，且給了了解狀況的人，像蒙格這類的人，獲利的機會。如巴菲特說的，如果打牌的時候，你看不出誰是大肥羊，大概你自己就是大肥羊。

44

談科技
ON TECHNOLOGY

「個體經濟學裡一個重要課題，是要能區分出科
技什麼時候可以幫助你，什麼時候會毀了你。」

◆

"The great lesson in microeconomics is to discriminate
between when technology is going to help you and when it's
going to kill you."

新科技可能對既有產業帶來損害,也可能增加它的獲利。

我們應該問的第一個問題是:這個新科技是否對既有商業模式產生威脅?汽車取代了馬車和馬。電話取代了電報。電腦和印表機取代了打字機。

第二個問題是:這個新科技是否能提升產業?這裡問題稍微複雜一點。一家公司能不能從科技的改變中得到好處,要看公司產業的類型。

如果你是大宗物資類型(commodity-type)的產業,銷售的產品或服務有許多公司同時在供應,任何可以降低成本和提升利潤的科技突破,可能也會被其他的競爭同業採用——這代表你會喪失這個科技帶來的競爭優勢。但更不利的是,你的競爭者之中,有人會利用這個新科技所節省的成本,來降低產品售價以擴大它的市占率。比方說,某個新科技 XY 為我們公司節省 10 ％的成本,這是好消息。我們競爭對手也買了新科技 XY,也省下了 10 ％的成本。現在兩家公司都領先了;兩家都省了 10 ％。不過如果我們的對手某天早上醒來,想到把那 10 ％節省下來的成本,用在削減產品 10 ％的價格,以增加它的市場占有率，我們就不得不跟進削價 10％，否則我們的市占率就要被搶走了。因此到頭來，對那些競爭對手眾多的大宗物資類型的產業而言，真正從新科技得到好處的，只有消費者。

當一家公司在特定的利基市場（market niche）具有持久的競爭優勢時，他們沒有其他競爭對手。這類的公司從新科技節省下來的 10％ 成本，不會因為對手削價競爭搶占市場而折損。舉例來說：如果可口可樂開發了一個新科技，可以把每一瓶的生產成本減少 10 分錢，它可以把節省的成本都計入利潤裡面，因為就算是百事可樂也開發出同樣的新科技，並降低產品的售價，歷史已經證明，人們還是會去買稍微貴一點的可口可樂，因為可口可樂在消費者心中占有一定的位置，擁有顧客的信賴和忠誠度。一家具有持久競爭優勢的公司用新科技來實際降低成本，並增加利潤的能力，是它勝過一般大宗物資類型產業的投資優勢。

$$45$$

成功的投資
SUCCESSFUL INVESTING

「成功的投資需要魄力和耐心的瘋狂組合,並要
隨時準備就緒,機會來臨時,立刻猛抓不放,因
為在這個世界上,機會總是稍縱即逝。」

◆

"Successful investing requires this crazy combination of
gumption and patience, and then being ready to pounce
when the opportunity presents itself, because in this world
opportunities just don't last very long."

在 2009 年 3 月股市大崩盤的期間（當時所有人都認為美國政府正準備把所有美國大銀行收歸國有），蒙格為他自己的每日新聞公司買下一百六十萬股的富國銀行股票，據他估計每股平均價格為 8.58 美元。如今富國銀行的交易價格約每股 47 美元。他有辦法做到是因為（1）他專注尋找好的投資，還有（2）他坐擁大筆現金，耐心等待著機會的降臨。最後，同樣重要的是，他對富國銀行相當了解，他知道這家銀行不太可能無償債能力或是被政府接管。這個買進的機會只有幾個星期，而當時機出現時，蒙格有魄力朝它撲過去。

46

戰勝平均值
BEATING THE AVERAGE

「股市的本質是它會下跌，人們因此虧錢。保守
投資和不斷儲蓄而不期待奇蹟是正當的作法。房
間裡有些人可以想出賺到兩倍報酬率的方法。我
沒辦法教其他人怎麼做到。這太困難了。」

◆

"It is in the nature of stock markets that they go down. So
people suffer then. Conservative investing and steady saving
without expecting miracles is the way to go. Some people in this
room can figure out how to average twice the rate of return. I
can't teach everyone else to do it. It is pretty difficult."

要做到比股市平均表現更好很困難，但不是不可能。不過這需要很多的閱讀功課。對大部分人來說，比較容易且安全的做法是把錢存起來，在股市出現空頭時，買進指數基金，然後將它們永久持有。如此一來他們退休時，可以在有需要時，將它們賣掉。不過對於那些想要投資時間和精力去研究的人而言，股市是充滿無盡機會的大海，可以讓他們創造出難以想像的財富。

47

佣金
COMMISSIONS

「不論在哪兒都一樣，如果佣金很高，坑錢的機率就很大。」

◆

"Everywhere there is a large commission, there is a high probability of a rip-off."

佣金等於鼓勵機制。在蒙格看來，獎勵機制在意識與潛意識兩個層面，都會觸發動機。靠佣金賺錢的理財規畫師和股市交易員有動機要讓我們先退出這個投資、再加入那個投資，因為他們會因此賺錢。我們的戶頭裡交易活動越多，他們就賺越多。因此他們會找出我們戶頭該買該賣的理由，而大部分時候只有他們會變得更有錢，我們則是越來越窮。這或許就像喜劇電影導演伍迪・艾倫說過的：「所謂股市交易員，就是拿別人的錢來投資，直到全部花光為止。」

第二部分

查理・蒙格
看產業、金融機構
和經濟

48

大蕭條
THE GREAT DEPRESSION

「你絕對不要想做出任何導致經濟崩潰的事。那
個結果是非常可怕的。」

◆

"You don't ever want to do anything to push an economy to
collapse. Terrible things result."

1930 年代的經濟大蕭條，蒙格親身經歷過，不過如今對大多數的美國人而言，只是遙遠的記憶和史書上的幾頁內容。大家已經忘了全世界曾經有數以百萬計的人失業，許多國家受到嚴重的衝擊，要經歷數十年之後才能完全恢復。情況到底有多糟？試想一下，在 2007 ～ 09 年的大衰退，全世界的的國民生產毛額少了 1 ％；在大蕭條期間，全球國民生產毛額減少了 15 ％。在大蕭條期間，美國曾經歷到對外貿易減少 50 ％，穀物價格下跌 60 ％，失業率則升高了 25 ％。歐洲國家的經濟受到重創，導致整個國家對民主政體喪失信心，為了對難以挽救的局勢做絕望的嘗試，才給了法西斯主義興起的機會。最終導致世界大戰，讓歐洲和世界其他國家遭受到恐怖程度難以想像的死亡和毀滅。蒙格經歷過那個年代，他很清楚一個國家會墮入地獄，必先從經濟崩潰開始。如果民主制度無法找到力量控制它的金融機構，到最後人民會把權力交給一個做得到的獨裁者。

49

銀行監管
REGULATING BANKS

「銀行不會願意自己管制自己。他們需要大人的
監督。」

◆

"Banks will not rein themselves in voluntarily. They need
adult supervision."

蒙格始終認為，國會對銀行業放寬管制根本是愚蠢的行徑。在他看來，在 1933 年引進的格拉斯 - 斯蒂格爾法案★，把投機性的投資銀行與保守的商業銀行分開，是美國經濟大繁榮時期的開始。蒙格認為 1999 年推翻這個法案等於是邀請銀行做傻事，因為這讓商業銀行有跟投資銀行一樣的功能，拿儲戶的錢去進行投機。2007 ～ 09 年華爾街的股災向全世界證明了蒙格是對的：撤銷格拉斯 - 斯蒂格爾法案是國會曾做過最蠢的事情之一。

★　「格拉斯 - 斯蒂格爾法案」（Glass-Steagall Act）又稱為「1933 年銀行法」，是針對銀行體系提出改革、避免投機所提出的法案。它禁止銀行控股公司擁有其他金融公司的規定，在 1999 年美國國會提出的「金融服務法現代化法案」中被取消了。

50

大到不能倒
TOO BIG TO FAIL

「不會失敗的資本主義就像沒有地獄的宗教。」

◆

"Capitalism without failure is like religion without hell."

當美國聯準會主席柏南克★與美國財政部長鮑爾森★認定高盛公司、花旗集團、美林集團、以及 AIG 都大到不能倒，他們等於告訴世人美國政府不會讓這些機構倒下去。如果一家華爾街的銀行不用擔心自己會破產，它的經理人就不會害怕進行槓桿操作，拿它的儲戶和股東的錢去賭博。聯準會為這些金融機構創造一個由政府資金挹注的安全網，等於為金融機構下一個荒唐愚行和自我毀滅的循環週期鋪路。不過這烏雲密佈中也有一絲希望，因為它在股市造成的劇烈騷動，會導致投資人急著匆忙退場，而在這恐慌的時刻，優秀公司的股票將以相對其長期經濟而言非常優惠的價格拋售。如我們稍早所說的，2007 ～ 09 年銀行業的失敗，創造出購買富國銀行的機會，蒙格也隨即把握了機會。一個人心中的地獄可能是另一個人心中的天堂，特別是當這個天堂指的是優秀企業的廉價股票。

★　柏南克（Ben Bernake），美國經濟學家，曾任美國聯準會主席（2006-2014），在金融海嘯期間美國金融政策的主要制定者。

★　鮑爾森（Henry Paulson），前高盛集團主席，前美國財政部長（2006-2009）。

51

借錢
BORROWED MONEY

「我們國家讓房子變現的方式真是前所未見。隨便問個張三他哪來的錢買新的凱迪拉克，他會告訴你用房子貸款來的……。我們的金融機構，包括那些名號響叮噹的大機構，都不斷延伸高成本的貸款給最沒能力的人。我覺得有些令人非常反感。自由市場不見得就值得尊敬。」

◆

"We have monetized houses in this country in a way that's never occurred before. Ask Joe how he bought a new Cadillac—from borrowing on his house... We have financial institutions, including those with big names, extending high-cost credit to the least able people. I find a lot of it revolting. Just because it's a free market doesn't mean it's honorable."

我想這段話代表蒙格並不是站在「買家風險自負」的陣營。不過我們的聯邦儲備銀行，卻是把消除失業的工作往身上攬。要做到這一點，其中一個策略是讓消費者覺得自己很有錢，願意花更多的錢，以便刺激經濟，藉此創造更多的工作機會。要讓聯準會把更多錢放到消費者手上，最簡單的方法就是，讓消費者可以用信用卡和他們房屋淨值貸款。聯準會鼓勵借貸的方式是靠降息，以及對銀行與房屋抵押公司放寬借貸條件睜一隻眼閉一隻眼。這些借貸的錢以及消費者支出帶來的問題是，它製造出一個經濟泡沫；這個泡沫最終會破裂，當它破裂時股價崩跌、經濟攤平、人們失業、房屋的所有人付不起他們所借的錢。隨之又製造出一個更大的夢魘。

52

自由市場的愚行
FREE-MARKET FOLLY

「這些瘋狂的榮景應被密切監看。葛林斯潘★卻
不這麼認為。他是個有能力的人，但也是個白痴。
大家不應該讓他們成為所有銀行業的老大。他心
目中的英雄是艾茵‧蘭德★。這是不大可能找到
智慧的所在。許多人以為在自由市場裡，拿著斧
頭亂砍亂殺也無所謂。」

◆

"These crazy booms should be watched. Alan Greenspan
didn't think so. He's a capable man but he's an idiot. You
should not make him the father of all banking. His hero is Ayn
Rand. It's an unlikely place to look for wisdom. A lot of people
think that if an ax murderer goes around killing people in a free
market it's all right."

葛林斯潘從 1987 年到 2006 年一直擔任聯準會主席，他奉行俄羅斯出生的作家兼哲學家艾茵‧蘭德所宣揚的自由市場，完全無視 1990 年代末期的網路泡沫以及 2000 年代初期的房市泡沫；這二者導致了 2007 ～ 09 年次級房貸的崩潰，差點毀了全球的經濟。葛林斯潘相信政府完全不應該介入市場運作，這意味著不介入華爾街的放縱踰越。這顯得有些怪異，因為不管何時，當股市開始要崩盤時，葛林斯潘就會強勢運作聯準會，把錢大量投入市場來阻止下跌。

　　葛林斯潘的繼任者柏南克在 2006 年成為聯準會主席，並繼續讓房市泡沫無節制地成長。當泡沫終於破裂時，柏南克做了和他前任同樣的事：他大印鈔票並將它們投入市場，不僅是為了阻止崩盤，同時也為了壓低失業率。在他的八年任內聯準會印了超過三兆美元鈔票並放入市場流通以刺激經濟，這導致了資產的通膨同時也讓股市和房市再度泡沫化。或許這就像紐約洋基隊的尤吉‧貝拉＊所說的：「這一切似曾相識又重演一遍。（It's déjà vu all over again.）」

★　葛林斯潘（Alan Greenspan），前美國聯準會主席（1987-2006），主掌美國金融政策近二十年，被視為是美國經濟政策的決定性人物。

★　艾茵‧蘭德（Ayn Rand），俄裔美籍的小說家與哲學家，寫過《源頭》（Fountainhead）和《阿特拉斯聳聳肩》（Atlas Shrugged）等暢銷小說。強調個人主義，主張「理性的私利」和絕對放任自由的資本主義。

★　尤吉‧貝拉（Yogi Berra），美國職棒洋基隊昔日的明星球員。除了球技之外，常以看似無厘頭但發人深省的發言而出名。

53

放寬銀行監管
BANKING DEREGULATION

◆

「大家真的以為給予掠奪階級的人們為所欲為的
能力，就叫做自由市場經濟。並非如此。這叫做
合法的持械搶劫。而且這是蠢到不可置信。」

◆

"People really thought that giving a predatory class of
people the ability to do whatever they wanted was free-market
enterprise. It wasn't. It was legalized armed robbery. And it was
incredibly stupid."

如果客氣一點，我們會說蒙格基本上的意思是，前聯準會主席葛林斯潘和前美國財政部長魯賓這兩位在 1990 年代晚期放寬銀行業監管的主要擘劃者，完全搞錯了。他們是導致了 2008 年金融大崩盤，讓華爾街幾乎每一家投資銀行倒閉、或差點倒閉的所謂自由市場經濟的主要推手。蒙格真正想說的是，他們放寬銀行監管根本蠢到不可置信。為什麼這麼說？因為不受監管的銀行或保險公司的管理階層有動機操作槓桿——借更多的錢——去進行大規模的投機交易。如果他們賭對了，管理階層可以拿到數千萬美元的紅利，但是如果銀行賭錯了，被套牢損失幾十億美元的則是股票持有人和存款戶。如果幾家大銀行在同時間垮台，整個經濟都可能被拖垮。歷史一再告訴我們，政府的管制措施是唯一能夠阻擋銀行專業人士操作槓桿，這些人押注的不只是別人的錢，同時還包括我們國家的經濟福祉。

54

無所節制的華爾街
WALL STREET EXCESSES

「我們現在有比過去任何時期都高比例的智識分子投入債信評等證明買賣和鼓吹交易活動。這讓我想到所多瑪與蛾摩拉★。他們不斷透過嫉妒和模仿滋養這些活動。在過去，這種現象通常預告惡運即將來臨。」

◆

"We have a higher percentage of the intelligentsia engaged in buying and selling pieces of paper and promoting trading activity than in any past era. A lot of what I see now reminds me of Sodom and Gomorrah. You get activity feeding on itself, envy and imitation. When it happened in the past, there were bad consequences."

2007 年的華爾街就像是聖經裡的所多瑪和蛾摩拉。次級房貸熱錢滾滾、紅利驚人、派對狂熱,中看不中用的豪宅（McMansions）★與昂貴跑車蔚為風潮。不過其中最大的罪惡則是,把次級房貸包裝成債信評等 AAA 級的證明,再賣給飢渴而不疑有他的投資大眾。在舊約聖經裡頭,上帝摧毀了所多瑪與蛾摩多以懲罰他們邪惡的輕率愚行。不過在我們現代版的世界,上帝化身成了美國聯準會的柏南克與美國財政部長鮑爾森,在這些不信神的人墮入地獄深淵之前介入並挽救了他們。有些時候,拯救罪人可能比讓整個國家隨之沉淪要好。尤其是當你自己也是罪人之一的時候。

★ 所多瑪（Sodom）與蛾摩拉（Gomorrah）,聖經中的不義之城,兩城居民多行罪惡遭上帝「天火」所滅。

★ McMansion 是帶有貶義的詞,指在大城市郊區大量製造,試圖營造奢華和品味,但實則空洞且粗製濫造,專為炒作房市目的所興建的豪宅。

55

財富效果
THE WEALTH EFFECT

◆

「財富效果是指消費者支出會隨著股價上揚而刺激升高。這種效果當然存在，但是到什麼程度呢？我以前說過財富效果比經濟學家所想的還要大。現在我還是會這麼說。」

◆

"The wealth effect is the extent to which consumer spending is goosed upward due to increases in stock prices. Of course it exists, but to what extent? I made a speech a while back in which I said that the wealth effect is greater than economists believe. I still say this."

如果人們相信，他們的房子和投資價值會越來越高，他們就樂於去花更多的錢，這對經濟是好的。不過，如果他們相信自己的房子和投資將貶值，他們就會停止買東西，這對於經濟不利。這就是財富效果。

前聯準會主席柏南克在尋求振興經濟和降低失業率的過程中，鍾愛這套理論。他用財富效果來支持自己透過調低利率和發行鈔票應付政府赤字支出，將數兆美元投入經濟的正當性。而它奏效了；資產價格上揚，人們覺得自己變有錢了，於是他們花更多的錢，這刺激了經濟，這又讓失業率下降。這當然也讓全世界的投資人都非常、非常開心。

56

印鈔票
PRINTING MONEY

◆

「我認為民主體制容易出現通貨膨脹，因為政客
天生愛花錢——他們有印鈔票的權力，而且會用
鈔票來換選票。」

◆

"I think democracies are prone to inflation because politicians
will naturally spend—they have the power to print money and
will use money to get votes."

讓印鈔機繼續轉動！美國永遠不會延期支付債務的原因之一是，它有印刷它需要的美鈔的權力。它怎麼做到？聯邦儲備銀行印這些錢，然後把它投入公開市場購買美國政府公債或是其他任何它想買的債券。比如：美國財政部需要 1,000 億美元償付美國即將到期的債務；它只需要發行更多債券，由聯邦儲備銀行在公開市場購買。在一般情況下聯邦儲備銀行並不喜歡這樣做；它寧可美國政府向類似中國的這些地方借錢——目前中國已經擁有 1.2 兆美元的美國政府公債（這意味美國向中國已經借了 1.2 兆美元）。不過中國並不需要擔心美國老朋友會延期支付它的債務，因為聯邦儲備銀行隨時都可以加印這 1.2 兆美元的鈔票並貸給美國政府，用來支付美國政府賣給中國的公債。

希臘、義大利和西班牙會遇到的問題是，當他們以歐元為貨幣時，它們各自的央行放棄了印鈔的權力，把這個權力交給了歐洲央行。因此，除非歐洲央行願意幫他們多印幾千億的歐元，否則希臘、義大利和西班牙都有延期支付債務的可能性，因而導致全球金融體系的系統性崩盤。

57

資產通膨
ASSET INFLATION

「我還記得 5 分錢的漢堡和每小時 0.4 美元的最低工資，所以我這輩子見證了驚人幅度的通貨膨脹。這會摧毀掉投資環境嗎？我想應該不會。」

◆

"I remember the $0.05 hamburger and a $0.40-per-hour minimum wage, so I've seen a tremendous amount of inflation in my lifetime. Did it ruin the investment climate? I think not."

隨著漢堡漲價，賣漢堡的公司股價也同樣在上漲。通貨膨脹讓商品與資產的價格同時上漲，也代表股票在公司裡持有的資產提高了。通貨膨脹是擁有資產者的朋友。同時通貨膨脹也是擁有現金或債券者的敵人。為什麼？當聯準會印鈔票並放入市場流通，利率就下降。這驅動了股票和房地產這類的金融資產價格上揚。但是聯準會印更多的鈔票也代表美元能買到的東西變少了，這表示東西的價格越來越高。五十年前一個漢堡賣 0.4 美元，如今一個要 7 塊錢；一棟在 1965 年價值 5 萬美元的房子，如今價值 50 萬美元；還有道瓊工業指數在 1965年是九百一十點，如今則站上一萬七千點。如果你一直持有現金，你每年能買的東西就越來越少。如果你在 1996 年買了二十年國債，然後在 2016 年兌現，你拿回來的現金能買的東西要比你當年買債券時能買到的東西更少。

通貨膨脹實際上對銀行和保險業大有幫助。由於 5 萬美元的房子如今價值 50 萬美元，要買的人得多向銀行借 45 萬美元。銀行從這裡賺到的費用要比 5 萬美元貸款賺的費用多出一大卡車。同樣地，房地產保險公司賣給你 50 萬美元的房屋保險，也要比賣給你 5 萬美元房屋保險多賺許多。

在上述的例子裡，銀行與保險公司從通貨膨脹得到了1000% 的業績成長，但是他們既不用增加員工，也不用擴大營運的廠房。現在你應該明白為什麼蒙格和巴菲特在保險公司和銀行有這麼大的投資：它們不只是對抗通膨最完美的避險工具，甚至從通膨中獲利。對銀行與保險公司而言，通膨實在是不斷送禮給他們的聚寶盆。

58

原油儲備
OIL RESERVES

「我認為美國的天然氣儲備是我們擁有最珍貴的
東西之一，每一點一滴都和愛荷華州的表土一樣
珍貴。就像我不希望因為有人願意付錢，就把愛
荷華的表土輸出到伊朗或其他地方，我也希望我
們的天然氣儲備留在我們的地底下。如今的流行
說法是，要能源自主，要趁快把這些儲備用掉。
我認為這是失去理智的國家政策。」

◆

"I think the hydrocarbon reserves in the United States are one
of the most precious things we have, every bit as precious as the
topsoil of Iowa. Just as I don't want to export all the topsoil in
Iowa to Iran or someplace, just because they are willing to give
us some money, I love the hydrocarbon reserves we have in the
ground. The fashion is to be independent and to use them up as
fast as we can. I think that's insanity as a national policy."

蒙格在這裡談論的是，關於美國的天然氣儲備。他相信這是美國珍貴的資源，並且必須保存下來，因為它對美國的經濟和國家安全如此必要。美國的天然氣儲備是地底下的化學原料，它們能讓車子在路上跑、讓飛機在天上飛、並用來製造肥料、人工纖維、塑膠和瀝青、還能潤滑機具、產生電力。沒有了石油，我們的國家就會馬上停擺。蒙格認為，主張原油自主並盡快用掉所有原油儲備，這種國家政策是瘋狂的。因為當美國的原油全部用盡，就得完全看石油生產國的臉色。他認為我們（美國）應該保留原油儲備，以備不時之需，先用光沙烏地阿拉伯的原油再說。

59

韓國
KOREA

「韓國人進入汽車業，一切從無到有。他們有超過十年的時間每週工作八十四小時不帶加班費。在此同時，每個韓國小孩子放學回家，在『虎媽』們的逼迫下，下午和晚上，有整整四個小時由家教老師帶著做功課。會輸給這樣的人有什麼好意外嗎？除非你是徹頭徹尾的白痴。」

◆

"Koreans came up from nothing in the auto business. They worked 84 hours a week with no overtime for more than a decade. At the same time every Korean child came home from grade school, and worked with a tutor for four full hours in the afternoon and the evening, driven by these Tiger Moms. Are you surprised when you lose to people like that? Only if you're a total idiot."

蒙格在大蕭條時期長大，在那個世代，人們只要能找到工作，一定是勤奮不懈設法帶食物回到家裡的餐桌。但是隨著時代改變，國家越來越有錢，美國人也開始變懶惰。過去人們每週六天、每天工作十小時的敬業精神不復存在。韓國人則像我們的祖父母輩一樣，對於成功有著更強的渴望。蒙格要說的是，在我們如今所處的全球經濟環境裡，新的贏家將是像韓國人一樣勤奮工作的國家，而不是如今又胖又懶的昔日贏家。

60

胡蘿蔔與棍子
CARROTS & STICKS

「國家要繁盛，我們就得工作。我們必須對人們恩威並施。如果你把棍子拿開了，整個體制就無法運作。你不可能靠投票就變有錢。那是白癡的想法。」

◆

"If we're going to prosper, we have to work. We have to have people subject to carrots and sticks. If you take away the stick the whole system won't work. You can't vote yourself rich. It's an idiotic idea."

蒙格是真心奉行「勤奮不懈」的資本家。他這段話的意思是，國家要做事，它必須生產糧食，它必須鋪設道路、建築和工廠，它也必須製造賣得出去的產品。如果人們不工作，他們就會三餐不繼、無家可歸；這是他說的棍子。驅使我們祖父母輩如此努力工作的原因，並不是性格上的貪婪，而是他們擔心付不出房租、擔心他們家人會餓肚子。如今這種擔心已經不復存在。取而代之的是新的權利意識，要求健保免費、大學教育免費、失業時食物和住房也要免費。我們的國家正在喪失工作的意志力，原因或許不是人們變懶了，而是他們失去了在失業時的擔心畏懼。

61

失控的銀行家
OUT-OF-CONTROL BANKERS

「我不認為你可以信任銀行家自我控制的能力。
他們就像患海洛因毒癮的人一樣。」

◆

"I do not think you can trust bankers to control themselves.
They are like heroin addicts."

吸食海洛因成癮的人可能會毀掉自己和他的家人。銀行家則可能毀掉他們自己和整個國家的經濟。銀行被託付了大筆其他人的錢，理應謹慎保守投資，但是常見的情況是，他們用這些別人託付的錢進行槓桿操作方法——借更多的錢，並在「投資」的假面具底下，進行投機行為。他們這麼做的原因是，如果他們贏了，可以賺取數百萬美元的薪資和紅利，同時還告訴美國大眾不用擔心槓桿操作，因為一切都在他們的專業風險經理人的掌控之下（同樣這一批專業風險經理人，正好就是在2007～09年的次貸危機中，摧毀掉華爾街銀行的那些人）。唯一能夠阻止銀行過度進行槓桿操作的是，美國政府的嚴格監管，而銀行對此則始終全力抗拒。光是在2014年，摩根大通（JPMorgan Chase）就花了620萬美元在國會遊說。總體而言，商業銀行在2014年共花了6千萬美元在美國國會進行遊說。他們遊說些什麼？遊說反對政府對銀行業的管制。蒙格在這裡指出的重點是，有太多的銀行家已經對槓桿和投資上了癮；它已經成了他們追求財富和權力的生命泉源。

62

衍生性金融商品的危險
DERIVATIVE DANGER

「如果你聰明地做衍生性金融商品買賣，它就會
像合法的偷竊一樣，於是你就知道為什麼大家都
想做這個……但是讓所有人一起彼此對賭，有什
麼好處？我年輕時在『小賭一把』的世界裡過了
幾十年，我也比較喜歡那樣的世界。如今的情況
像是聚集成千上萬個職業賭客，也沒看出他們對
任何人帶來什麼鬼好處？」

◆

"If you intelligently trade derivatives it's like a license to
steal, so you can understand why they all want to do it... but
what is the big plus in having everyone gamble with everyone
else? I lived in a world with low gambling for decades when I
was younger and I liked it better. I think it was better for the
country. It's like having thousands of professional poker players.
What damn good are they doing for anybody?"

衍生性金融商品交易的問題在於，當銀行家可以很容易就賺進金山銀山，就很難叫他們自我克制。他們賭注往往越下越大，到最後陷入嚴重的麻煩之中。情況極糟的時候，他們可能毀掉金融體系、讓股市崩盤、搞砸整個經濟，並讓數以百萬的人們失業。

根據威爾莫特（Paul Wilmott）的估算——此人擁有牛津大學應用數學博士學位——全世界衍生性金融商品市場的名目值，已經達到 1,200 兆美元（這是驚人的天文數字，相當於 1.2×10^{15}）。這大約是全世界的經濟總和的二十倍，約 60 兆美元。衍生性金融商品的市場如今比起它所涉及的 2008 年金融危機時的規模，又成長了 20%。而美國的銀行在衍生性金融商品市場曝險的程度有多少？想想看：摩根大通的總資產為 2 兆美元，而它在衍生性金融商品曝險的總額超過 52.9 兆美元；花旗銀行總資產為 1.3 兆美元，而衍生性金融商品的曝險總額超過 52 兆美元；美國銀行總資產 1.6 兆美元，衍生性金融商品的總曝險總額是 26.6 兆美元；高盛集團總資產是 1,430 億（還只是億）美元，曝險總額是 44.4 兆（這裡已經是兆）美元。

如果你是銀行，有一點是非常有趣的：總值 1,200 兆美元的衍生性金融商品市場是如此複雜難解，而且完全不受監管，一切是由銀行的交易員說了算。任何時候，只要美國政府稍微暗示要管制衍生性金融商品交易，一大群銀行說客就會湧入美國首府華盛頓，提醒國會議員們誰是他們真正的金主（自然不會是你或我），然後把它擋下來。而且，還有比這個更美妙的。想想看：不管在政府裡頭，在學術圈，還是在銀行本身，沒有一個人──沒錯，一個人都沒有──能真正理解藏身在這個史上最大金融泡沫裡頭的所有危險。

63

利差交易*的愚行
CARRY-TRADE FOLLY

「在利差交易的賽局中,有一大堆的槓桿。顯然
其他人都比我還確定飛機永遠租得出去。」

◆

"There's a lot of leverage in those carry-trade games. Other
people are more certain than I am that the aircraft can always
be leased."

這是智慧之言。蒙格在 2005 年說過這段話，距離利差交易摧毀雷曼兄弟和其他幾家華爾街公司，還有整整三年的時間。利差交易是以某個利率借貸一大筆錢來購買資產，透過較高的報酬率來獲利。蒙格在這裡說的是，借錢並拿它來買一架飛機，這架飛機可以用比它支付貸款更高的租金出租。利潤來自於貸款利息與租金之間的差價。這套等式唯一的問題是，如果租用飛機的公司延期支付租金，你有必須償還的貸款卻無租金可付。

雷曼兄弟和其他投資銀行會把事情搞砸，問題出在他們從短期商業票據市場借了數十億美元，然後以十年期、或二十年期的次級房貸借出。當雷曼兄弟的短期票據到期時，收購這些票據的公司，便可以收回它們貸出的錢。但是預想不到的事情發生了：人們開始付不出次級房貸的貸款，突然之間雷曼收不到房貸的利息，這表示它也沒有錢可以支付銀行借給它的貸款。當銀行發現這種情況，立刻停止了他們的循環貸款，而雷曼兄弟也在不到一個星期就宣告破產。

★　「利差交易」（carry trade），也稱為「融資套利交易」。簡單來說，是從利率較低的地方借錢，再從利率較高的地方貸出，藉由匯率或利息的差異獲利的交易方式。

64

亞洲的貪汙
CORRUPTION IN ASIA

「無論如何，你不能貿然去中國投資。第一個去
的可能率先沒命。印尼有一句俗話：『你所謂的
貪汙，在這裡叫做亞洲家庭價值觀。』」

◆

"You cannot just go invest in China, however. The first movers
can get killed. There's a saying in Indonesia: 'What you're
calling corrupt is Asian family values.'"

在 2002 年，蒙格和巴菲特終於到中國投資了；他們買了中國石油（PetroChina）價值 5 億美元的股票，不久後以 35 億美元賣出。

蒙格提醒大家要注意貪汙問題之後，為什麼他們還會信賴中國石油？中國政府擁有這公司 88% 的股權；事實上，在全中國三十家最大的公開上市公司當中，中國政府控制了其中的二十九家。如果我們擁有其中任何一家的股票，實際上中國政府，就成了我們的合夥人，不像在美國，政府會對可疑的執行長們提供紓困，在中國，北京政府會把這些執行長放進陰冷、黑暗的監牢裡，讓他們好好反省自己的罪惡。這是蒙格和巴菲特可以投資 5 億美元在中國的公司，照樣能高枕無憂睡美容覺的原因。

65

中國奇蹟
THE MIRACLE OF CHINA

「如果考量中國原本的情況，它如今達成的成就
是全世界前所未有的。」

◆

"If you take what China has done from what China was,
there's been no achievement on this scale in the entire history of
the world."

中國曾經是奉行蘇聯式計畫經濟的一個落伍的共產主義農業社會。它會是讓著名自由市場經濟學家傅利曼★滿心厭惡雙手舉高的那種國家。不過從 1979 年開始，中國開始轉型，走向充滿動能、市場導向的工業和高科技業經濟體，擁抱帶著共產主義色彩的資本主義信條。在短短三十年之間，中國已成為全世界第二大經濟體。它是全世界最大的紡織、照相機、手機、和電腦的消費國與製造國，也是最大的鋼鐵和汽車生產國。

　　波克夏海瑟威在 2008 年以 2.3 美元投資比亞迪（BYD），它是中國版的美國特斯拉（Tesla）電動車。比亞迪是中國最大的國產汽車製造廠，也是可充式電池的主要製造商。蒙格把它的創辦人兼執行長王傳福，形容為發明大王愛迪生與通用電氣執行長傑克‧威爾許（Jack Welch）的綜合體。誰想得到中國人當起資本家來會這麼厲害？

★　傅利曼（Milton Friedman，1912-2006），美國經濟學家，1976 年諾貝爾經濟學家得主。被視為是二十世紀最重要的經濟學家之一。他極力主張自由市場的優點，反對政府的干預。

66

自由貿易
FREE TRADE

「那個沒受過教育的人也能快速向前邁進的時代，我認為已經回不去了。只要我們有自由貿易，有全球相互競爭，我可不希望和像中國這樣的核子大國停止自由貿易。中國和美國必須好好相處。除非腦子壞掉，兩國一定要好好相處。我認為貿易有助於彼此和睦相處。」

◆

"I don't see how we bring back that age where an uneducated man can march ahead rapidly. As long as we have free trade and worldwide competition, and I don't want to stop having free trade with a big nuclear power like China. China and the United States have to get along. Each country would be out of its mind not to get along with the other. I think trade helps us to get along."

美國工廠的工作轉移到中國之後，大體來說，美國經濟史上沒受教育的男女可以到工廠上班照樣過日子的時代已經結束了。為什麼呢？第一個理由是，製造業裡能給未受教育的人的好工作已經不存在；這些工作已轉往中國和墨西哥這些地方。第二個理由是，現在美國的好工作都需要受過教育和訓練。

　　關於自由貿易有助於美中關係這部分，事實上主要原因在於，中國擁有美國政府大約 1.2 兆美元的票據和債券──這表示中國借給美國政府大約 1.2 兆美元。如果有人欠你 1.2 兆美元，然後還希望對方還得起錢，你每天都會祈禱它的經濟處在最健康的狀態。並不是自由貿易幫助了美國和中國友好相處，而是中國希望那 1.2 兆美元能拿得回來；對美國來說，它還有另外 1 兆美元的新債券想賣掉，以提供資金給政府日益擴大的預算赤字。再加上對核子武器的憂心，蒙格的話有道理：這兩個國家如果不好好相處，一定是腦子壞了。

67

吝嗇鬼
THE MISER

「我不在意有人賺了一大堆錢,卻像個守財奴一
毛不拔。大部分人都有愛花錢的強烈傾向,而且
他們的配偶和子女也會幫忙推一把。」

◆

"I don't care if somebody makes a lot of money and holds
it like a miser. Most people have a vast propensity to spend,
helped by spouses and children."

我們這一生最大的誤解之一是，以為有錢人會把自己的財富，藏在又深又黑的地窖裡，讓所有人都得不到好處。這種情況在兩百年前也許會發生。不過，現在的有錢人會繼續在銀行和投資基金大肆掠奪，他們若不是把錢借給有需要的人或公司，就是把它投資在商業活動上。銀行和投資基金如今是我們的資金分配者。如果他們的錢不貸款給人或是拿去投資，他們就賺不到錢，所以他們有非常強烈的動機要提供貸款和找到可供投資的公司。這對經濟是好事，因此對所有人來說，也是好事。話說回來，如果有錢人不存在，銀行和投資基金就沒有多餘資金可以拿來買房子、蓋辦公大樓、挹注新產業的發展、和貸款給地方政府這類的活動。最頂端 1 % 的人控制了全世界39 % 的財富，但是它真正的意思是，全世界 39 % 的財富被全世界的銀行與投資基金給囤積起來，他們忙著把這筆多餘的財富投資到全世界的經濟裡。這對世界上其他 99 % 的人是非常好的事。

68

公司稅
CORPORATE TAXES

「如果這個世界交給我經營，我會把公司稅調低，然後用其他方式來滿足人們對公平的渴望，比如像是消費稅。」

◆

"If I were running the world I would have low corporate taxes, and get at the yearning for equality some other way, like consumption taxes."

在今天這個自由貿易的世界裡，公司可以從一個國家自由遷進遷出。一個公司稅稅率較高的國家，會迫使這國家裡的公司搬到另一個稅率較低的國家。而公司移到稅率比較低的地區時，他們也會把多餘的資金放入當地的銀行。想知道新加坡和香港為什麼會成為亞洲的兩大金融中心嗎？因為低公司稅吸引了有錢的企業到當地，而有錢的企業也隨之帶來多餘的資金，直接存在當地的銀行——像是新加坡的華僑銀行（OCBC Bank）和香港的中國銀行（Bank of China），這些錢也就被用來資助新加坡和香港的經濟奇蹟。蒙格贊成用較低的公司稅，來吸引企業並把企業留在美國。

69

降低標準
REDUCING STANDARDS

「不降低金融體系的工程標準，對這個世界會比較好。我們在間不容髮之際躲過了全面性的大災難……。對那些帶我們度過危機的人，我充滿了佩服。但是對那些引發危機的人，我並不太欣賞。其中有些人應該打入地獄的最底下那一層。」

◆

"The whole world is better when you don't reduce engineering standards in finance. We skipped a total disaster by a hair's breadth... I'm a big fan of the people who took us through the crisis. I'm not a big fan of the people who caused the crisis. Some of them deserve to be in the lowest circle of hell."

蒙格這裡說的是，2008 年幾乎崩潰的美國金融體系。當我們建一座橋，我們會要求橋面承重必須比可能的載重量還高的工程技術標準。這樣才能提供橋樑的安全邊際，確保它絕對不會坍塌。金融市場的安全邊際是根據銀行的債務股本比（debt-to-equity ratio）來衡量。比例越低，銀行在經濟衰退時，倒閉的機率就越小。比例越高，銀行在經濟衰退時，倒閉的機率就越大。銀行的工程技術標準會指示銀行維持很低的債務股本比，以確保他們可以禁得住金融市場的任何風吹草動。在 2007 年，華爾街的投資銀行剛好反其道而行，它們把債務股本比推到了史上最高的紀錄。有些銀行在它們的資產負債表上，每一美元的股權有 38 美元的債務。當大衰退出現，許多銀行名副其實是一夕倒閉。

第三部分

查理‧蒙格
哲學在經營和
投資的應用

70

買進和持有
BUY AND HOLD

「我們只需把頭壓低，盡其所能掌控好逆風和順風，幾年之後就可以收割成果。」

◆

"We just keep our heads down and handle the headwinds and tailwinds as best we can, and take the result after a period of years."

蒙格一旦以合理價格買進一家優秀公司，他知道接下來聰明的做法是，一直持有它，讓公司的獲利不斷累積。此舉能讓公司的內含價值增加，隨著時日股價也將會上揚。波克夏在1988年買進可口可樂，二十七年之後依舊持有它的股票。它在1990年第一次買下了富國銀行的股票，不只是繼續持有，還持續加碼買進。在這段期間可口可樂和富國銀行的潛在價值增加了，雖然我們看到股市的起起落落，但是它們的股價卻一直維持緩步上升，反映出它們底層事業價值的增加。如我們前面所說的，就可口可樂的例子而言，波克夏1988年投資在可口可樂的12.99億美元投資，如今價值171.84億美元，等於給予了波克夏10.04%年化報酬率，這還不包含股利。它在1990年以總價2.89億美元投資的五百萬股富國銀行股票，因為股票分割的關係已經成長為四千萬股，如今價值約19億美元，等於給了波克夏7.5％的年化報酬率。

$$71$$

企業購併
CORPORATE MERGERS

「當你把葡萄乾和大便混在一起，你得到的還是
一坨大便。」

◆

"When you mix raisins with turds, you still have turds."

蒙格這裡說的是，一家企業購併另一家的企業。如果一家優秀的公司買了一家像坨大便的公司，最後就成了一個綜合體，像坨大便的公司會把優秀的公司的營收拖下水。這種「把葡萄乾和大便混在一起」絕佳的例子是，可口可樂買進了電影部門的產業★。另一個例子則是海灣西方公司（Gulf and Western Industries）買進了電影產業。更好的例子則是松下電器買進了電影產業，還有最棒的例子則是加拿大製作蒸餾酒的西格集團（Seagram）買進了電影產業（你看出他們的模式了嗎？）。對好的公司而言，要解決優秀的公司和像坨大便的公司的混合體造成的問題，就是沖掉企業裡的大便——通常這代表把電影產業賣給其他追星族的老闆。蒙格如果換個詞來形容會更適當，他也許應該說當我們把魚子醬和大便混在一起，我們會嚐到的只有大便的味道。

★ 可口可樂在 1982 年以 6.92 億美元收購哥倫比亞影業，然後把它的電影部門以 15 億美元出售給索尼。

（72）

走極端
GOING TO EXTREMES

「做生意時我們常會發現，成功的制度會把某一個
或幾個變數極大化或是極小化到幾乎荒謬的地步，
好市多（Costco）的清倉折扣就是一個例子。」

◆

"In business we often find that the winning system goes
almost ridiculously far in maximizing and or minimizing one
or a few variables—like the discount warehouses of Costco."

好市多永遠在考慮的是，如果把營運成本降到最低。它不提供購物袋——顧客要自己準備袋子、或是用店裡提供的空紙箱，這幫好市多節省了每個塑膠袋 2 ～ 5 分錢以及每個紙袋 10 ～ 25 分錢的成本。這看起來也許微不足道，仔細算一下：好市多一年的銷售額是 150 億美元。如果平均顧客每次花費 100 美元，這等於是好市多每年有 1.5 億次顧客結帳。如果每次結帳要用到三個 10 美分的紙袋，每次結帳的紙袋成本就是 30 美分，乘上 1.5 億次，等於是好市多一年要花大約 4500 萬美元的成本。光是結帳時不用紙袋，就可以讓好市多一年省下了 4500 萬美元。

蓋可（GEICO）做了件看似荒謬的事，它很早就省掉保險代理人和付給他們的傭金，直接把產品賣給客戶，如此一來降低了成本，讓它的保險業務更有價格競爭優勢，同時維持了它的淨利率。

美國銀行（Bank of America）也做了很極端的決定，它把業務專注在一般大型銀行忽視的個人儲戶上。隨著加州人口數量與財富的成長，美國銀行的個人儲戶的數量與財富也在成長。於是，如今美國銀行已經成了美國最大的銀行之一。

波克夏海瑟威投資的內布拉斯加家具商場（Nebraska Furniture Mart）和其他競爭者的做法不同，他們以極大的折扣購向單一製造商買大量的家具，這讓他們的商店得以用比競爭對手更便宜的價格，把沙發賣給消費者，同時又維持高的淨利率。

　　波克夏所有事業都有一個共同點，那就是它們的經營者都樂於想方設法，盡量降低成本。即使是波克夏的總公司也是如此——它沒有設公關或投資人服務部門，多年來它們的年度報告都是印在最廉價的紙上，上頭也沒有昂貴的彩色圖片。（注意：近年來紙質已有所提升，年度報告偶爾也會出現一兩張彩色圖片——這或許是管理已經開始出現鬆散的徵兆。）

73

賺大錢的公式
BIG-MONEY EQUATION

「價位合理的優秀公司,勝過好價位的普通公
司。」

◆

"A great business at a fair price is superior to a fair business at
a great price."

好的，讓我們用數字來解釋一下蒙格的這段話。比如說我們拿十萬美元出來投資，現在要在投資 A 公司或投資 B 公司中，做出選擇。

A 公司每股賺 1 美元，每年獲利增長 15%，以獲利二十倍的股價賣出，等於每股 20 美元（20×$1 ＝ $20）。這表示你的 10 萬美元可以買到五千股的 A 公司股票（$100,000÷$20 ＝ 5,000）。另一方面，B 公司每股也賺 1 美元，但是每年獲利增長 8%，以獲利十倍的股價賣出，也就是每股 10 美元。這表示你的 10 萬美元可以買到一萬股的 B 公司股票（$100,000÷$10 ＝ 10,000）。

乍看之下，似乎 B 公司是比較好的選擇。它每股可賺 1 美元，而且它每張股票賣 10 美元，等於是本益比只有十。A 公司同樣是每股賺 1 美元，股價卻是獲利的二十倍，也就是每股 20 美元，是 B 公司股價的兩倍。不過，如果我們從十年期的觀點來看，預測的報酬率結果將會截然不同。

B 公司的獲利每年成長 8%，在十年之內將成長為每股獲利 2.19 美元。如果公司的股票仍以獲利的十倍為交易價格，這等於每股售價是 21.9 美元（$2.19×10 ＝ $21.9），這給了我們每股 11.9 美元的獲利（$21.9 －每股成本 $10 ＝ $11.9 每股獲利）。11.9 美元的每股獲利乘上我們所擁有的一萬股，顯示從我們最初投資 B 公司 10 萬美元的淨獲利為 11 萬 9 千美元。然而，A 公司的獲利每年成長 15%，在第十年將成長到每股獲利 4.05 美元。如果公司股票仍以獲利的二十倍為交易價格，這等於每股售價是 81 美元（20×$4.05 ＝ $81），這等於每股獲利 61 美元（$81 －每股成本 $20 ＝ $61 每股獲利）。61 美元的每股獲利乘上我們所擁有的五千股，顯示我們最初投資 A 公司 10 萬美元的淨獲利為 30 萬 5 千美元。

投資在 A 公司這個價位合理的優秀公司，將會比投資在 B 公司這個一開始看來價格很划算的普通公司，幫我們多賺 18 萬 6 千美元（$305,000 － $119,000 ＝ $186,000）。要是在過去巴菲特還沒有遇上蒙格之前，他會買 B 公司。但是在巴菲特遇上蒙格之後，他成了全心全意支持買 A 公司的人。只要記住：「價位合理的優秀公司，勝過股價很好的普通公司。」這句話對蒙格和巴菲特非常管用，對你同樣也會非常管用。

74

兩種企業
TWO KINDS OF BUSINESSES

「企業有兩種：第一種獲利 12%，一年後你可以把賺的錢拿回來。第二種獲利 12%。但是所有多賺的錢都必須再投資——永遠沒有現金。這讓我想起有個人看著所有的設備然後說：『這就是我所有的利潤。』我討厭這種企業。」

◆

"There are two kinds of businesses: The first earns 12%, and you can take it out at the end of the year. The second earns 12%, but all the excess cash must be reinvested— there's never any cash. It reminds me of the guy who looks at all of his equipment and says, 'There's all of my profit.' We hate that kind of business."

蒙格從事投資的早期，曾經投入一個製造精密科學測量儀器的高科技產業。這個公司產品銷售情況很好，但是賺到的每一塊錢都必須投進事業裡面。蒙格算是幸運，他剛好在技術改變導致這家公司產品過時無用之前，把這家公司賣掉了。在波克夏的紡織事業，他也有過同樣經驗：在時機好的時候它賺錢，甚至有多一點的盈餘，但是隨著紡織業競爭越來越激烈，這家公司不得不把賺到的每一塊錢都用在保住生意上。

蒙格投資時思糖果（See's Candies）的經驗則恰恰相反——裝巧克力的罐子用了五十年仍然沒有更新的需要，而且出產相同的產品年復一年。這個企業不需要太多的資本支出，因此每年都有可能從裡面拿出一些錢，去做其他事業的投資。

75

企業難久遠
FEW COMPANIES SURVIVE

「歷史告訴我們，任何企業要在非常長的一段時間裡，讓公司經營者滿意的狀況下持續存活，這樣的機會其實是微乎其微。」

◆

"Over the very long term, history shows that the chances of any business surviving in a manner agreeable to a company's owners are slim at best."

絕大部分的企業最終會改變，很多甚至走入歷史；許多產業、運輸和通訊的企業都是如此。藍籌印花公司在 1960 年代波克夏第一次購入時，是個很好的事業，但如今它已不復存在。波克夏在 1993 年買入德克斯特製鞋（Dexter Shoe Company），巴菲特對股東哼起歌來：「沒有什麼生意比得上賣鞋。」這句話原本不假，不過在美國生產製造的德克斯特製鞋，最後還是不敵有外國廉價勞工的外國廠商。華盛頓郵報曾經是全美國最有影響力也最賺錢的報紙，短短十年內網路嚴重衝擊了它的商業模式。自 1960 年以來，已經有超過四十家汽車製造公司宣布關門。你還記得迪羅倫汽車（DeLorean）嗎？艾德索（Edsel）？紳寶汽車（Saab）？它們全部都已被送到天上的大型舊車廠，從此再無人聞問。

76

時思糖果
SEE'S CANDIES

◆

「當我們買時思糖果公司時,我們還不太懂好品牌的力量。時間久了,我們才發現它的價格可以每年調漲 10%,而沒有人在意。學到這一點,給波克夏帶來了轉變。這真是非常的重要。」

◆

"When we bought See's Candy, we didn't know the power of a good brand. Over time, we just discovered that we could raise prices 10% a year and no one cared. Learning that changed Berkshire. It was really important."

蒙格學到的是，某些產品我們即使調漲價格，其需求也不致減少。我們生活中買的東西大部分是商品（commodity，經濟學上也稱為大宗物資）。它們是彼此可互換的：X 肉商賣的牛排和 Y 肉商賣的牛排差不多。我們在一家加油站買的汽油和另一家加油站買的汽油一樣。因此肉商和加油站彼此間的競爭，主要是在於價格。這讓漲價變得很不容易。不過有些品牌的產品在消費者心目中有一定的地位，因而不會有直接的競爭者。蒙格和巴菲特第一次發現這類的公司時，他們把這些公司稱之為「消費者壟斷事業」（consumer monopolies）。時思糖果就屬於這種消費者壟斷事業。時思年復一年用同樣的器具和設備製作糖果，這代表低資本支出，而由於它的產品在消費者心目中擁有一定的地位，它可以慢慢調漲價格而不致於影響到需求。這代表銷售上較高的獲利率，也就是說時思賣的每一顆糖果都可以賺比較多的錢。這表示時思糖果的價格，可以隨通膨的步伐調整；這也表示波克夏當初的投資可以逐年得到持續增加的回報。想想看：當波克夏在 1972 年以 2,500 萬美元買入時思糖果，這家公司一年的淨收入為 420 萬美元。在 2007年，波克夏的年報裡，時思糖果為波克夏賺進了 8,200 萬美元，這代表淨收入是以 8.6% 的年化報酬率在成長。在 2011 年波克夏的報告裡，過去持有時思糖果的四十年來，它已經為波克夏帶來了 16.5 億美元的驚人利益。

　　這一點小認識給波克夏帶來了大影響，也成了他們在購買可口可樂時，不可或缺的應用公式。儘管可口可樂沒有像時思糖果有那麼大的定價自由，但它在消費者心目中確實具有一定地位，可以隨通貨膨脹調整價格。當波克夏在 1988 年購入可口可樂股票時，這家公司的年淨收入為 10.3 億美元。近三十年後，在 2015 年可口可報告的年度淨收入為 73 億美元，營收成長了 608%，相當於平均年增率 20.2%，以及 6.75% 的年化報酬成長率。

　　透過時思糖果，蒙格和巴菲特終於發現了投資的聖杯：那就是一個底層價值會不斷增加的公司。要開啟它的價值，方法就是盡可能持有這個投資，越久越好。

77

容易的決定 / 痛苦的決定
EASY DECISIONS / PAINFUL DECISIONS

「好公司和壞公司的差別在於，好公司會不斷做
出一個又一個容易的決定。壞公司則是不時要做
出痛苦的決定。」

◆

"The difference between a good business and a bad business is
that good businesses throw up one easy decision after another.
The bad businesses throw up painful decisions time after
time."

一輩子都在投資和持有公司，讓蒙格和巴菲特學到不少的教訓。他們兩人都曾經擁有過一些壞的公司：一家百貨公司、一個風車製造廠、一家紡織工廠和一家航空公司。為什麼它們是壞的公司？因為它們牽涉到競爭激烈的產業，必須與對手削價作戰，這導致他們的淨利率下降，扼殺了現金流，損害了長期永續經營的機會。不過蒙格和巴菲特這些悲慘經驗成了我們的寶貴收獲。現在我們知道祕訣在於，永遠要找比較好的公司，且具有長久的競爭優勢、並且可以照自己意願調漲價格。如此一來公司可維持高淨利率，創造很多自由的現金流，可以用在其他新的事業機會。

78

市場衰退
MARKET DECLINES

「對於股市價格在一個世紀裡出現兩三次重跌
50% 的情況，如果你不願鎮定對待，你恐怕不適
合做普通股的股票持有人。相對於那些耐得住性
子，能用哲學思考方式看待市場波動的人，你的
投資獲利中等，也只能怪你自己。」

◆

"If you're not willing to react with equanimity to a market
price decline of 50% two or three times a century you're not
t to be a common shareholder and you deserve the mediocre
result you're going to get compared to the people who do have
the temperament, who can be more philosophical about these
market fluctuations."

在蒙格擁有波克夏海瑟威股票的五十年裡，他見識過股價下跌達 50% 有三次之多。如果在其中任何一次衰退期間，他賣掉了自己的股份，他擁有的財富大概只剩今天的零頭而已。蒙格相信長期持有股票，本來就會經歷股價暴跌的情況，以波克夏的情況而言，它最後必然會再漲回來。不過這種下跌和回漲的現象，其實和公司的經濟體質較有關係，而不是在於股市的波動。容我稍做解釋：在 1929 年和 1932 年的股市大崩盤，對股價造成嚴重影響，道瓊工業指數一直到 1954 年才完全回復。道瓊工業指數總共花了二十五年，才回到崩盤之前的高點。不過，有極佳經濟運作條件的公司，像可口可樂或菲利普．莫里斯菸草（Philip Morris）這類具有持久競爭優勢的公司，它們在 1936 年就回到崩盤之前的高點。平庸的公司，也就是經營經濟條件較差的公司，最多則要花上二十五年，才看得見情況出現轉機。蒙格從不需要等上這麼久。為什麼呢？因為他只投資經濟運作條件極佳的公司，像是可口可樂和波克夏海瑟威，它們可以很快從任何股市崩盤中恢復。

79

如何押對寶
WHERE TO PLACE OUR BET

「一般而言，押注企業的品質，要比押注在管理的品質更好……不過，有些很罕見的情況下，你會發現有些經理人太優秀了，即使追隨他投入一個看似平庸的企業也屬明智之舉。」

◆

"Averaged out, betting on the quality of a business is better than betting on the quality of management... but, very rarely, you find a manager who's so good that you're wise to follow him into what looks like a mediocre business."

這讓我想到「B 太太倉庫」的故事。B 太太 1937 年在內布拉斯加州的奧馬哈，創立內布拉斯加家具商場，並發展成全美國最成功的家具店。在 B 太太八十九歲那年，波克夏買下該公司 90％的股份，B 太太仍然留下來，與她的兒子們共同經營公司。五年之後她和兒子起爭執，氣呼呼地離開，並在對街開了一家新商店。一個九十四歲的老太婆，對一家由好幾個企管天才經營，資產數十億美元的大企業，能造成什麼威脅呢？沒多久，她卻搶走內布拉斯加家具商場很多生意，讓波克夏不得不花好幾百萬美元再一次把她的公司買下來。這次他們要求她簽署一份競業條款，這實在是明智的決定，因為老太太繼續一週工作七天、每天從早忙到晚，直到她一○四歲過世為止。不過一般而言，我們要押寶在企業的品質，而不是管理階層的品質——當然啦，除非你遇上的是 B 太太這樣的經營者。如果是的話，你就梭哈吧。

80

獎勵措施
INCENTIVES

「在所有企業的獎勵制度中我最喜歡的案例是聯邦快遞。該公司的核心制度，有賴於各項整合。公司要求所有飛機半夜裡在同一地方集合，然後把包裹從一架飛機換到另一架飛機。如果裝卸過程有延誤，整個運作對聯邦快遞的顧客而言，就沒有達成產品的整合性。送貨員老是搞砸，老是無法準時完成工作。公司嘗試各種努力——從道德勸說、威脅警告，各種方法都試過，但是都不管用。最後，有人想到，不要按照工作時數來支薪，而是按照上班的班次來支薪——當工作做完，員工就可回家。一夕之間，問題都解決了。」

◆

"From all business, my favorite case on incentives is Federal Express. The heart and soul of their system— which creates the integrity of the product—is having all their airplanes come to one place in the middle of the night and shift all the packages from plane to plane. If there are delays, the whole operation can't deliver a product full of integrity to Federal Express customers. And it was always screwed up. They could never get it done on time. They tried everything—moral suasion, threats, you name it. And nothing worked. Finally, somebody got the idea to pay all these people not so much an hour, but so much a shift— and when it's all done, they can go home. Well, their problems cleared up overnight."

這裡蒙格談的是獎勵措施。所有做過按時計酬工作的人都知道，如果工人是按時支薪，他們的速度會比按件計酬慢許多。為什麼呢？如果是按小時計費，他們就有動機慢慢來，讓鐘點數多一點好多賺點錢。如果是按件計酬，他們就有動機要做快一些，好快一點接下一個工作以多賺點錢。聯邦快遞把管理目標和員工動機調為一致。按小時計酬員工就不會趕快做，但是當薪資是根據特定任務，以裝完一架飛機的貨來計費，員工突然就想快把任務完成。關鍵並不是在於按照員工的任務或班次來付薪水；關鍵是在於只要他們做完工作就可以提早下班，這也算是一種金錢上的獎勵，因為即使他們提前下班也可以領到輪班一次的薪水。

81

美國國際集團和奇異公司
AIG AND GE

「美國國際集團和通用電器很像。它是極其成功的保險公司，因著它的成功而轉型投入大型的利差交易——以某個價位借貸一大堆錢，然後以另一個價位投資。AIG 身為大型營運商，有許多方面和通用電氣信貸（GE Credit）很相像。我們從不曾持有這兩家公司，因為這種有著腫脹的資產負債表的大型信貸營運公司，即使是由最好、最聰明的人來負責，還是會讓我們緊張不安。這麼多人借了好幾十億的錢，讓我緊張不安。」

◆

"AIG is a lot like GE. It is a fabulously successful insurance operator, and with success it morphed into a massive carry business—borrowing a lot of money at one price and investing it at another price. AIG was a big operator that was a lot like GE Credit. We never owned either because even the best and wisest people make us nervous in great big credit operations with swollen balance sheets. It just makes me nervous, that many people borrowing so many billions."

結果事實證明，蒙格是對的，利差交易在 2007 ～ 09 年之間，讓美國國際集團和通用電氣兩家公司都差點破產。而通用電氣在 2015 年開始逐步賣出它的金融部門。以較低的利率借入短期貸款，然後以較高利率借出長期貸款，是一個簡單賺大錢的方式，條件是短期低利的借貸能順利展期。但是如果短期借入的利率，高出了它借出的利率，或是銀行決定不再提供短期貸款的展期，這個運作就會像紙牌搭的屋子一樣轟然倒下。通用電氣得到了慘痛的教訓，這也是它巴不得儘快擺脫它的金融部門的原因。

82

少用槓桿操作
LESS LEVERAGE

「從波克夏的運作中你可以看出來，我們比其他人保守許多。我們錢借得少，借錢的條件也較有利。我們很滿意自己較少操作財務槓桿。你可以說我們的做法不對，讓我們少了大賺一筆的機會，不過我們並不在意。我們對於錯過一些機會並不擔心。有人賺得稍微比你多一點有什麼不好？瘋了才會擔心這種事。」

◆

"As you can tell in Berkshire's operations, we are much more conservative. We borrow less, on more favorable terms. We're happier with less leverage. You could argue that we've been wrong, and that it's cost us a fortune, but that doesn't bother us. Missing out on some opportunity never bothers us. What's wrong with someone getting a little richer than you? It's crazy to worry about this."

蒙格了解到槓桿和嫉妒二者是致命的組合。使用槓桿（借貸）的吸引力在於，它可以讓人們槓桿操作主權資本＊來賺更多的錢。不過，使用槓桿不光是在情況順利時，讓你賺大錢；它也會讓你情況不順時，損失慘重。投資銀行的經理人喜歡使用一大堆槓桿。如我們前面提過的，如果他們的槓桿押寶押對了，他們可以拿到數千萬美元的紅利。如果他們押錯了，他們就會怪市場不好，並期待銀行的其他業務可以彌補損失。但是，有些時候使用槓桿導致的交易損失過於巨大會讓公司破產。

　　銀行為什麼讓自己扯上這種麻煩？答案是嫉妒。他們看到其他銀行的人賺進幾百萬，所以也想要大賺一筆。於是他們不斷加上更多層的槓桿，以增加獲利。他們濫用的程度多嚴重？對於正常的商業銀行，美國聯邦存款保險公司（FDIC）＊期望看到的債務股本比＊是十比一。當雷曼兄弟破產的時候，它

★　主權資本（equity capital），企業依法募集並長期擁有、自主支配的資本。包括直接投資、股票發行和留存的收益都屬於這類的資本。

★　美國聯邦存款保險公司（FDIC），美國於 1933 年大蕭條期間創辦、為商業銀行儲戶提供保險的國營獨立機構。

★　債務股本比（debt-to-equity ratio），也稱為負債股權比例。計算方式是「公司長期債務」除以「股東權益」，這個比例是衡量公司財務槓桿的指標。

的債務股本比接近三十比一。這曾經讓雷曼賺了許多錢，直到運氣急轉直下，讓它走入破產的命運。

　　蒙格和巴菲特始終避免在波克夏使用大量槓桿操作／借貸。他們同時也盡量避免投資債務股本比太高的公司。最終結果是，波克夏避開了導致其他公司債務累累的愚蠢行為，並因此獲取本身的利益。

83

總體計畫
MASTER PLANS

「在波克夏我們從來沒有整體計畫。如果有任何人想做，我們就請他走路，因為這種計畫會自行其是，而無法應付新出現的狀況。我們希望大家能把新的訊息考量進去。」

◆

"At Berkshire there has never been a master plan. Anyone who wanted to do it, we fired because it takes on a life of its own and doesn't cover new reality. We want people taking into account new information."

商場的世界是個動態的世界。商場如戰場，它瞬息萬變，對於所謂「總體計畫」如何應用到動態的場景，沒有人比十九世紀普魯士軍事思想家克勞塞維茲（Carl von Clausewitz）★研究更透澈，他說過戰鬥是「對手之間的持續互動」，在其中「我的對手......支配我正如同我對他的支配」。他同時也寫道：「沒有一套戰爭計畫可以延續到與敵軍的第一次遭遇之後」。不過，關於這個主題，我最喜歡的一句名言，則是另一位普魯士陸軍元帥毛奇（Count Helmuth von Moltke）★所寫的：「每一次重大戰役在實質上和士氣上的影響都是如此深遠，通常會讓局勢徹底改觀，必須在新的基礎上採行新的措施。沒有人能夠百分之百確定，作戰計畫在第一次與敵軍主力遭遇之後還能適用。只有門外漢才會認為一場戰役的發展會按照先前概念中每一個步驟進行直到最後。」

這並不是說大家對解決某個問題時，不該預先計畫，而是他擬定的計畫應該遵照蒙格的建議，隨著情況的發展把新的資

★　克勞塞維茲（Carl von Clausewitz，1781-1831），普魯士將軍與軍事理論家。他的《戰爭論》是西方戰爭理論的重要基礎。

★　毛奇（Count Helmuth von Moltke，1800-1891），普魯士軍事理論家和統一德意志的重要將領。他在軍事思想、計劃擬定和指揮作戰在後世都備受推崇。

訊也納入考量。想用一套總體計畫來導引一家公司的未來十年,不只對擬定計畫的人而言不切實際,浪費時間和精力來做這種事通常也並不值得。比較好的方式是,讓事情儘量簡單、讓我們可以臨機應變。每次我想到「總體計畫」,我就會想到內布拉斯加家具商場的創辦人 B 夫人,當有人問她有沒有什麼企業計畫時,她會用濃厚的俄國口音回答說:「有啊,價格公道,童叟無欺。」她真是企業天才。

84

去中心化
DECENTRALIZATION

「（波克夏）是怎麼樣組織？我想世界史上從沒有像波克夏這麼大規模的公司是以去中心化的形式組織起來的。」

◆

"How is [Berkshire] organized? I don't think in [the] history of the world has anything Berkshire's size [been] organized in so decentralized a fashion."

在企業集團當中，蒙格和巴菲特與眾不同之處是，他們排除了協同作業（synergy）的觀念。該發生的情況，就讓它發生；不過波克夏所屬公司的每個主管都可按照自己的方式，在自己選擇的時間，做出企業的決定，即使如此一來會讓自己的公司成為波克夏其他附屬公司的競爭對手。

和絕大多數企業集團不同，波克夏總部並不會制定配額，要求各附屬公司必須達成總部設定的數字。在波克夏，各公司的執行長大權獨攬，決定公司預期目標。

波克夏文化另一個與眾不同之處是，它會讓事業體自行結束營運，也就是說它不會在營收衰退、未來展望不佳時賣掉公司，而是讓它持續營運直到時間到了該關門為止，例如：波克夏的紡織部門，就是如此。他們不會像通用電氣的執行長傑克·威爾許一樣，因為子公司的表現不佳，就將它隨意拋棄。

這種幾乎是無為而治的去中心化策略，讓波克夏子公司的經理人——對公司最了解的人——可以根據他們認為最適合公司經濟條件的方式來經營，而不需要和總公司裡較不了解營運狀況的人進行交涉。這也讓蒙格和巴菲特免除了運作集團大型官僚組織需耗費財務成本和效率不彰的問題。有時候，越少反而就是越多。

85

安隆公司
ENRON

「兢兢業業的會計師從事的是高貴的工作，不過
他們也給我們帶來了安隆。」

◆

"The people who carry the torch in accounting are in a noble
profession, yet these people also gave us Enron."

安隆（Enron）是在 2000 年締造 1,111 億美元營收的能源、大宗物資與電訊公司。《財富》雜誌曾連續六年將它列為全美國最創新的公司。在 2001 年人們才發現，安隆最大的一項創新是，它用創意製造的會計詐欺。基本上這家公司創造淨營收的方式是，把安隆的資產債務表上大量的投資虧損丟到它海外的合夥事業。安隆無償債能力為時已久，但是在安達信會計事務所（Arthur Andersen）的幫助之下，多年來它卻得以愚弄了投資人、銀行和一般大眾。當詐欺行為東窗事發，公司的主管們遭刑事起訴，安隆公司宣告破產，同時公司本身與它的會計公司都面臨官司訴訟。安達信會計公司也因此解散。

　　當中最令人震驚的部分，是當時美國最頂尖的安達信會計公司，會擔任詐欺犯罪的共犯。有些時候，很聰明的人確實可能做出很愚蠢的事。

86

通用汽車
GM

「波克夏會加入通用汽車，原因是我們裡頭有個年輕人喜歡
這麼做。巴菲特還是個年輕人的時候，他想做什麼就做什麼，
現在情況也還是如此。確實，通用汽車到頭來可能會受到聯
邦政府保護，到頭來它也可能是個好投資，不過這個產業在
我看來仍和過去一樣競爭激烈。大家都能製造好車子，也都
有同樣的供應商，而且車子可以開一輩子。它有各種大宗物
資的特徵。因此我並不認為汽車業是我們該投資的產業。」

◆

"Berkshire is in GM because one of our young men likes
it. Warren, when he was a young man, got to do whatever he
wanted to do, and that's the way it is. It is true GM may be
protected by the federal government in the end, and it may be a
good investment in the end, but the industry is as competitive
as I've ever seen. Everyone can make good cars, they have
the same suppliers, and cars last forever. It just has all these
commoditized features. So I don't think the auto industry is the
place to be."

波克夏的投資組合近年來一個令人不解的謎團是：為何這家公司要買進通用汽車股票？汽車也是高度競爭的產業，它生產的產品有許多價格上的競爭——而且儘管通用汽車營收上曾經風光多年，它也有經歷多年嚴重虧損的歷史。當《巴菲特原則》（Buffetology）這本書在 1996 年寫成時，我談到了通用汽車生產的是大宗物資型的產品，而且它從沒有讓投資人真正賺錢；它有著興衰起落的歷史。在 2007 年的嚴重虧損，讓它損失了 380 億美元。在接下來的 2008 年，它又虧損 300 億美元。當通用汽車在 2009 年聲請破產保護時，它擁有的資產為 820 億美元，負債則是 1720 億美元，無力償還的部分達到 900 億美元，讓它的股票持有人完全血本無歸。

　　聯邦政府挹注了 500 億美元到新的企業體，由它買下了原本通用汽車的資產。在 2015 年，新的通用汽車申報 96 億美元的盈餘，總資產達到 1,940 億美元，而總負債則是 630 億美元，讓它的正資產達到了令人滿意的 1,311 億美元。如今，通用汽車似乎已煥然一新，唯一的問題是，它仍舊處在高度競爭產業中，生產著大宗物資類型產品。波克夏新的投資經理人當中，可能有人認為這是好的長期投資，不過蒙格仍不認為汽車業是他們該投資的地方。

87

伊斯卡
ISCAR

「年輕時我們不知道該努力爭取什麼，不過當我
們準備買伊斯卡時——這是家我們年輕時絕不會
想買的公司，我們懂得要努力爭取對的人。這是
家驚人的公司。這裡所有一切都正確無誤。能活
到老學到老不是很棒嗎？遲做總比不做好。」

◆

"We didn't know when we were young which things to stretch
for, but by the time we reached Iscar, which we never would
have bought when we were young, we knew to stretch for the
right people. It's a hell of a business. Everything is right there.
Isn't it good that we keep learning? Better late than never."

伊斯卡（ISCAR）是一家位於以色列，為全球生產工業用精準碳纖金屬切割器具的公司。它在這個領域占據主導地位。波克夏在 2006 年以 40 億美元買下這家公司 80% 的股份，接著再以 20 億美元在 2013 年買下最後的 20% 股份——這說明該公司在 2013 年的狀況比 2006 年時更加理想。伊斯卡是波克夏在美國本土之外唯一全額收購的公司。葛拉漢就絕不可能買它，因為它的股價並沒有低於帳面價值——這是他所理解的好生意。蒙格和巴菲特從收購內布拉斯加家具商場學到的是，如果在產業領域占主導地位的公司夠大而且客戶基礎夠深，對它潛在的競爭者而言，進入市場門檻的成本就會變得高不可攀。規模與市場主導性可以為他們創造出持久競爭優勢，這正是伊斯卡充分具備的。

88

富國銀行
WELLS FARGO

「即使是最好的銀行也會隨著時間流轉而做出傻事，不過我猜富國銀行也許會做得好一點。」

◆

"Even the best banks drift with the times and do stupid things, but I suspect Wells Fargo will face up to it better."

這裡蒙格要說的是，富國銀行同樣也會做傻事，不過也許犯錯次數會少一點，程度不會像花旗集團過去那般嚴重。不過這又說回到了管理的品質，它的一致性，以及它隨時注意事態發展的能力。即使富國銀行衍生性金融商品總曝險總額有 5 兆美元，相對於摩根大通的 63 兆美元、花旗集團的 60 兆美元、和高盛集團的 57 兆美元，都是小巫見大巫。這告訴了我們，下一次衍生性金融商品發生內爆危機時，富國銀行也許會是最後一個屹立不倒的大型銀行。

89

麥當勞
MCDONALD'S

「這是個好學院，不過真正偉大的教育家是麥當
勞……。我認為他們在那裡做的事比哈佛做的還
要好。」

◆

"This is a nice college, but the really great educator is
McDonald's... I think a lot of what goes on there is better than
at Harvard."

一條鍊子，不管它其中最強的環節有多強，只要是和最弱的環節連結在一起，它的強度就和它當中最脆弱的環節強度一樣。蒙格這段話的意思是說麥當勞正在改善我們社會之中最弱環節的強度，雇用工作習慣不良的人，為他們進行訓練，教導他們，例如：準時上班、對顧客和顏悅色這類的良好工作習慣。麥當勞可以說自從它開門營業以來，這六十年間已經教導了數以百萬計的美國年輕人良好的工作習慣。由於麥當勞如今在全球一百一十八個國家雇用超過一百七十萬人，我們也可以說它也為全球年輕人做了同樣的事。即使是哈佛大學也不敢誇稱自己有如此極為驚人的成就。

90

資產流動性
LIQUIDITY

「在『南海泡沫』事件之後，英國禁止公眾持股公司，僅允許私人持股公司。隨後他們領導了世界一百年。酌量的市場流通性就足以應付情況。太大的市場流通性則對人性會造成傷害。我若說這種話絕對沒有人要聘用我。不過我是對的，他們是錯的。」

◆

"After the South Sea Bubble, Britain outlawed public corporations—only private ones allowed. And they led the world for 100 years. A modest amount of liquidity will serve the situation. Too much liquidity will hurt human nature. I would never be tenured if I said that. But I'm right and they are wrong."

南海泡沫事件指的是南海公司（South Sea Company），它是 1711 年英國為降低國債而組成的合股公司。（英國一直到第一次世界大戰才發現，可以用中央銀行的印鈔機來挹注預算赤字。）在眾多國會議員收受賄賂之後，英國政府授權南海公司專賣特權執行南美洲的貿易。由於看好它貿易專賣將帶來的財富，加上政府國債也是由它處理，因此這家公司成了當時最受歡迎的股票，它的股價遠遠超過了公司的內含價值。當冀望的獲利落空之後，股價開始崩跌，包括貴族在內許多人都損失了大筆金錢。為了解決南海泡沫帶來的災難，英國在 1720 年制定了泡沫法案，禁止成立未經皇家授權的合股公司，同時經過授權的公司股票也不得公開交易。在隨後的一百年，英國成了世界貿易的領導者。

　　這引發了關於資產流動性的問題。資產流動性是衡量資產轉換成現金難易度的標準，這裡則是指以股票換現金的難易度。在市場中某些股票越活躍，代表這些股票的資產流動性越高。華爾街對於衍生性金融商品的一個說詞是，它們可以增加資產流動性——但是這要付多少代價，到頭來這樣的代價是否值得？蒙格認為並不值得。

91

新加坡
SINGAPORE

◆

「在民主制度下，每個人都有上台機會。不過如果你真的需要很多的智慧，最好還是把決策和過程集中在一個人身上。新加坡從無到有，成績能表現得比美國要好並非偶然。在新加坡，權力集中在一個極具才能的人身上，李光耀就是新加坡的華倫‧巴菲特。」

◆

"In a democracy, everyone takes turns. But if you really want a lot of wisdom, it's better to concentrate decisions and process in one person. It's no accident that Singapore has a much better record, given where it started, than the United States. There, power was concentrated in an enormously talented person, Lee Kuan Yew, who was the Warren Buffett of Singapore."

我想這裡最好先引述李光耀自己說的一段話：「除了少數的例外，民主制度並不能給新興發展國家帶來好的政府……。亞洲人的價值並不必然是美國人或歐洲人的價值。西方人重視的價值是個人自由。身為中華文化背景的亞洲人，我重視的價值是政府廉潔、有能力、有效率。」從 1959 年到 1990 年一直擔任新加坡總理，他做的正是如此：他建立了一個廉潔、有能力、有效率的政府。

　　為了協助公務員清廉操守，李光耀付給了他們相當於私人企業的薪水。為了刺激經濟發展，他提供減稅優惠和金融服務，以爭取跨國企業在新加坡興建廠房。為了幫助新的公司籌募資金，他提供有利的金融立法和穩定的匯率，將新加坡變成國際的金融中心。為了促進與當時全世界最有影響力的兩大金融中心——紐約和倫敦——的業務往來，他制定英語為國語。如此一來，一些美國公司像是德州儀器、惠普和通用電氣都選在新加坡設立了他們在亞洲的第一個製造廠。

　　這一切的關鍵在於有一個廉潔、有能力、有效率的政府，一個提供企業成長和繁榮所需要的穩定、無貪腐、運作良好的政府。在這過程中，新加坡從一個第三世界國家成了二十一世紀的世界金融與製造中心。李光耀的著作《從第三世界到第一世界：新加坡的故事》非常值得一讀。蒙格對李光耀充滿了崇拜之情，他甚至訂做了一尊李光耀的銅像，就擺在他的富蘭克林銅像旁邊。

第四部分

查理·蒙格
對人生、教育
和追求幸福的建議

92

一步一腳印
ONE STEP AT A TIME

「每天醒來要努力讓自己比昨天更多一點智慧。
認真而忠誠地履行自己的義務。日復一日,每天
向前挪動一吋。到頭來——只要你活得夠久——
大部分人都可以得到應有的獎勵。」

◆

Spend each day trying to be a little wiser than you were when
you woke up. Discharge your duties faithfully and well. Slug
it out one inch at a time, day by day. At the end of the day—if
you live long enough—most people get what they deserve."

這段是蒙格對於人生中要想贏過他人所採用的漸進策略，這很像我們小時候聽的龜兔賽跑的故事。如果你忘了，讓我來告訴你，跑得飛快的兔子在比賽中輸給了慢吞吞、但是比他更有恆心，一步一步往前爬的烏龜。在蒙格自己的人生中，他在當執業律師時，為自己設計了每天自學一小時的課程，學習房地產開發與股市投資。一開始進展很慢，但經過長年日積月累讀破萬卷書之後，他開始理解不同領域的知識如何彼此互用，同時了解到知識就和錢一樣可以複利累積，讓他更透澈認識自己生存的世界。他經常說他九十歲時比五十歲時更懂得投資，他將它歸功於知識的複利效應。

93

值所應得
WHAT WE DESERVE

「想找到好伴侶，最好的方法是自己是好的
那一半。」

◆

"The best way to get a good spouse is to deserve a good
spouse."

我認為蒙格這裡的意思是，在精神層次上我們得到的，往往是我們值得擁有的。好人往往會找到好人相伴一生，不好的人則跟同樣不好的人湊在一起。他把這套理論應用在商業領域，把波克夏打造成被它所購買的優秀公司所值得信賴的好舵手。他吸引了熱愛自己企業的企業主把自己公司賣給他。同類相吸，不管在婚姻還是商場都是如此。

94

運用大觀念
USING BIG IDEAS

> 「了解主要學科的大觀念，並且習於運用——而且要全盤運用，不是只挑其中幾個。」

◆

> "Know the big ideas in the big disciplines and use them routinely—all of them, not just a few."

蒙格畢業於哈佛法學院，曾在加州理工學院修習氣象學，同時廣泛閱讀科學、經濟學和歷史等學科。他是如何應用這些知識在投資上？

　　如果你了解心理學，你就明白何以像可口可樂這樣的產品能夠抓住消費者的心，而把它當成長期投資的選項。

　　如果你掌握科學，你會理解快速變化的電腦科技業，或許不是最適合長期投資的穩定環境。

　　在 2007 ～ 09 年的金融危機中，對中央銀行做過研究的蒙格知道，如果美國聯準會把銀行收歸國有，實際成為這些銀行的新老闆，基本上會把股票持有人的股權一筆抹消，這會讓投資人撤守銀行股，屆時即使是最好的銀行也將無法籌募新的股權資本。他知道聯準會最安全也最理性的方式是，透過收購股份把資金注入受困的銀行，這在銀行的資本債務表上被記錄為股權債務，但實際上不會稀釋持股人的所有者權益。因此，如我們前面提過的，在 2008 年當民眾擔心聯準會將銀行收歸國有導致銀行股重挫的時候，蒙格以每股 8.58 美元買進了富國銀行。如今富國銀行交易價格在每股 47 美元左右。但如果他從未研究過像聯準會這類的中央銀行如何運作，他也許會跟陷入恐慌而集體跳船的投資大眾一樣，錯過這個一生難逢的好機會。

95

職涯建議
CAREER ADVICE

「職業生涯的三個定律：（1）不要賣自己都不
想買的東西；（2）不要為自己都不尊敬的人工作；
（3）只跟能讓你樂在其中的人共事。」

◆

"Three rules for a career: (1) Don't sell anything you
wouldn't buy yourself; (2) Don't work for anyone you don't
respect and admire; and (3) Work only with people you
enjoy."

蒙格的職涯建議永遠都是好禮物。為什麼我們不賣自己絕對不會買的東西？因為所有關於推銷的書都告訴我們，假如我們不喜歡、不了解、或不相信一項產品，我們推銷起來注定會是災難一場。偉大的推銷員都對自己的產品深信不疑。這是他們成功的祕訣之一。

　　為什麼我們不要為自己都不尊敬的人工作？因為他們無法教導我們、在智識上或生活上幫助我們成長。

　　為什麼我們不應該與我們不喜歡的人共事？因為工作就是我們的人生，而衡量生活是否豐富多采的一個標準是，我們與他人一起工作時是否能樂在其中。如果我們工作時悶悶不樂，即使我們賺進大把鈔票，人生也是黑白的。

96

不懂裝懂
KNOW-IT-ALLS

「我儘量避開那些自己不是真懂，回答起問題來
卻自信滿滿的人。」

◆

"I try to get rid of people who always confidently answer
questions about which they don't have any real knowledge."

這裡的問題關乎信賴。如果一個人缺少誠信，不願承認自己不懂之處，如何教人們信賴他們？最好趕快弄掉這種人，換一些智識上更誠實的人。蒙格讓我們了解到，他對於「知道自己有所不知」跟「知道自己已知」同樣感興趣。無法分辨其中差別的人們，他們的意見毫無價值。

97

教育的浪費
A WASTE OF EDUCATION

「加州理工有很大比例的畢業生投入金融市場……。他們從不像他們那般聰明的客戶手中賺走許多錢。這是個錯誤。浪費自己的才華投入撈錢行列，在我看來是一大損失。」

◆

"A big percentage of Caltech grads are going into finance...
They'll make a lot of money by clobbering customers who
aren't as smart as them. It's a mistake. I look at this in terms
of losses from the diversion of our best talent going into some
money-grubbing exercise."

曾經有一段時間，加州理工是全世界科學和工程領域中最好的學校之一。它是美國航太總署（NASA）噴射推進實驗室的所在地。蒙格 1940 年代在這裡唸書。2010 年，華爾街用精心包裝的衍生性金融商品來豪賭賺大錢，這對加州理工的教授和學生們實在太具誘惑力，他們開始把自己的精力和焦點，從太空探索與高等資訊科技轉移到設計複雜的數學模式，來幫助華爾街的交易櫃檯為投資銀行賺更多的錢。在蒙格看來，腦袋最好、最靈光的年輕人應該主導解決世界上的一些問題，而不該浪費自己的心智在華爾街大賭場的機率遊戲上。

98

承認愚蠢
ADMITTING STUPIDITY

「我喜歡看人們承認自己笨得要命。因為我知道，願意承認犯錯，會讓自己做得更好。這是該好好學的好方法。」

◆

"I like people admitting they were complete stupid horses' asses. I know I'll perform better if I rub my nose in my mistakes. This is a wonderful trick to learn."

蒙格相信從自己的錯誤中學習的最好方式，是勇於承擔錯誤的責任，並認真檢視出錯的原因。怪罪別人、或是逃避責任，反倒會錯過了學習的機會。也因為如此，波克夏的年度報告總是很快就先指明巴菲特和蒙格搞砸的部分，以及他們從中得到的教訓，像是他們對全美航空（US Airways）的投資，他們原本認定是個好投資，結果卻證明是大失算。這種認錯道歉的行動，也是他們同樣錯誤絕不再犯的原因之一。

99

犯錯
MAKING MISTAKES

「要好好歷練人生，就不可能不犯許多錯誤。事實上，一個人生的訣竅就是去犯錯，才能掌握錯誤。在心理層面上，拒絕承認錯誤常常是讓人們破產的原因。」

◆

"There's no way that you can live an adequate life without many mistakes. In fact, one trick in life is to get so you can handle mistakes. Failure to handle psychological denial is a common way for people to go broke."

聽到蒙格說犯錯沒有關係，讓人安心不少。蒙格如今比過去更會投資，那是因為過去他曾因在多頭市場承平日久，而在1973～74年股市大跌中損失慘重。他比以前更會投資，也是因為波克夏購入德克斯特製鞋之後，遭遇到困難。也不要忘了所羅門兄弟（Salomon Brothers）曾帶給蒙格的噩夢，它讓波克夏對該公司7億美元的投資幾乎血本無歸。接下來還有巴爾的摩的霍克希爾德·柯恩百貨公司，以及我們前面提的全美航空。這些都是企業判斷上的重大錯誤，往往造成數以百萬計美元的損失。不過它們也為投資策略的改善奠立基礎，在日後得以獲得數十億美元的回報。

100

專業化
SPECIALIZATION

「極度專業化是通向成功之道。對多數人而言，
專精一技遠勝於了解全世界。」

◆

"Extreme specialization is the way to succeed. Most people
are way better off specializing than trying to understand the
world."

「特化」是所有物種生存的關鍵，同樣的，專業化也是任何行業成功的關鍵。專業化提供了同業與我們競爭的門檻，專業化的程度越困難，門檻也就越高。如果我們做的事都和其他人一樣，我們一輩子都得和其他人正面競爭。如果我們專精於某一面，專業化可以讓我們擺脫其他人的挑戰。我們會把自己的保時捷跑車，就近送到什麼牌子的車都修的普通修車廠嗎？當然不會。我們會把它送到保時捷的專業保養廠。它可能收你兩倍的維修鐘點費，因為它是「保時捷的專家」。在其他領域也是同樣的道理，從醫學、法律到水電工和木工等各行各業。只有專家能賺大錢，其他一般人只能賺小錢。

101

不用工作
NOT WORKING

「這是我的人生經驗，如果你不斷思考、不斷閱
讀，你就不需要工作。」

◆

"It's been my experience in life, if you just keep thinking and
reading, you don't have to work."

對晉升無望的華爾街工作厭倦了嗎？老闆又讓你吃排頭？衍生性金融商品的帳本即將引爆，終結你薪資優渥的職業生涯？只要你不斷思考、不斷閱讀，一切都會好轉。為什麼？因為在蒙格看來，投資遊戲所需要的一切，就是大量思考和廣泛閱讀。據說蒙格每天要讀上六百頁——包括每天三份報紙和每週固定讀完幾本書。噢，對了，他偶爾也去洛杉磯的鄉村俱樂部吃個三明治，喝杯可樂。他是一個懂得在密集閱讀中間如何放鬆自己的人。

102

量入為出
NOT LIVING BEYOND OUR MEANS

「莫札特真是讓瘋狂毀了一生的好例子。他的成就絲毫未減，他可能是有史以來最有音樂天賦的人，但是從一開始他的人生就過得很悲慘。他一輩子都揮霍無度，這也會讓你過得很悲慘。」

◆

"Mozart is a good example of a life ruined by nuttiness. His achievement wasn't diminished—he may well have had the best innate musical talent ever—but from the start, he was pretty miserable. He overspent his income his entire life—that will make you miserable."

蒙格累積財富的關鍵之一是，年輕時，他對於不亂花錢有狂熱的執著。他到了快六十歲了，才為自己買第一部新車，而且在成為億萬富豪很久之後，住的都還只是中上階層的房子。能存下來的每一塊錢，都是可以用來投資的一塊錢。過度揮霍會讓我們生活悲慘，量入為出並且聰明投資則會幫助我們加速通向致富之路。

103

擺脫舊愛
OUT WITH THE OLD

「每一年過去，如果你沒有摧毀掉一個你最心愛
的想法，那麼這一年就白過了。」

◆

"Any year that passes in which you don't destroy one of your
best loved ideas is a wasted year."

舊的不去，新的不來。它代表我們思考過程的進化，表示我們真正在思考。蒙格這句話的意思是，如果有一年你沒有拋棄掉一個最心愛的想法，那或許代表我們的閱讀或思考不足，以致於無法在心智發展上更加進步。在投資賽局中，拋棄掉某個心愛的投資理念應該會規律出現。商場是個動態的環境，在很短的時間內，就可能經歷劇烈的改變。不過才七十年的時間裡，美國就從沒有電進展到電力可輸送到全國各地。徹底摧毀了蠟燭製造、煤氣燈、以及煤油燈這些在十八世紀和十九世紀曾經盛極一時的產業。在 1930 年代，沒有任何人家有電視機。到了 1960 年，差不多家家戶戶都有一台電視，而到了 1920 年代家用無線電業務則幾乎消亡殆盡。在 2000 年，維基百科尚未問世。如今我們已經離開不了它，而維基百科摧毀了有 244 年歷史的百科全書產業——它曾經是門很好的生意。數位攝影機在 1974 年還不存在。今天，柯達公司已經不存在——而在此之前的一百年來，柯達曾是有極傲人成就的公司！在經營與投資的世界裡，最好要隨時注意新發展，每年都要重新評估最心愛的投資想法，以確認我們沒有自以為是。

104

道德的無上律令
A MORAL IMPERATIVE

「保持理性，是道德的無上律令★。你絕不該笨
到超乎自己可容忍的限度。」

◆

"Being rational is a moral imperative. You should never be
stupider than you need to be."

蒙格這裡是拿康德*的名言作文章,康德這位十八世紀的德國哲學家主張,理性是所有道德的源頭。對康德或是對蒙格而言,具有理性,意味著擺脫感情束縛,遵循邏輯和理智來做出我們的決定(聽起來很像蒙格在談論如何選股)。「道德的無上律令」是源自個人內心強烈感受到的原則,迫使著個人去行動或不行動;而根據康德和蒙格的說法,不這麼做的話就是自尋失敗,同時也因此違反了理性。在蒙格的認知中,不依循理性等同於愚蠢。

★　道德無上律令(moral imperative),康德倫理學的重要觀點。康德認為從理性(reason)就可以推出最基本的原則,也就是必須無條件予以遵守的「道德無上律令」。

★　康德(Immanuel Kant,1724-1804),德國古典哲學創始者,開啟了觀念論(Idealism)的西方思想史重要人物。

105

成功的祕訣
SECRET OF SUCCESS

「我對自己不是很感興趣的事,從未得到大成功。如果你找不到真正對某件事非常有興趣,即使你很聰明,我也不認為你會有多成功。」

◆

"I have never succeeded very much in anything in which I was not very interested. If you can't somehow find yourself very interested in something, I don't think you'll succeed very much, even if you're fairly smart."

蒙格常常說，做一個成功的企業經營者的關鍵是，對這個企業有熱情。對具備熱情的人來說，這個企業並不是一份工作，而是他們生命中的最愛。與其待在家裡，他們更樂於工作。他們是藝術家，他們對作品的熱情推動並且定義了他們的生命。蒙格的這段話點出了，這個理論適用在我們人生中做的任何事：要在某方面成功，我們必須對它感到熱切的興趣。這種熱情，比起純粹的智力，更能決定我們所做的事成功與否。正如賈伯斯所說：「工作會填滿你人生很大一部分，唯一能真正感到滿意的方法就是，去做你真心相信的偉大工作。而做偉大工作的唯一方法就是愛你所做的事。」

106

節儉
BEING FRUGAL

「如果你擔心通貨膨脹的話，最好的防備方法就
是，不要在生活上有一大堆愚蠢的需求——最好
不要有太多物質要求。」

◆

"One of the great defenses—if you're worried about inflation—
is not to have a lot of silly needs in your life—if you don't need
a lot of material goods."

蒙格和巴菲特大半輩子都是住在中上階級的房子，開舊型的汽車。為什麼呢？因為要降低開支，好累積許多現金來投資。為什麼這可以保護他們不受通膨影響？如果某個東西你不需要，你就不用去買它——那麼誰還會在意它的價格上漲？你認為蒙格會因為新型法拉利跑車價格不斷上漲而失眠睡不著嗎？

（107）

意識型態
IDEOLOGY

「我想另一個應當避免的事，是過度強烈的意識
型態，因為它會偷走你的腦子。」

◆

"Another thing I think should be avoided is extremely intense
ideology because it cabbages up one's mind."

蒙格相信，年輕人很容易受影響，他們常常會耽溺某個意識型態而無法思考任何其他事情、或是用不同的立場看待事情。熱情會讓年輕人的理性思考過程變得盲目。

　　從投資的觀點來看，巴菲特只有靠著蒙格的協助，才能夠打破自己的思考慣性和意識形態，把葛拉漢以划算價格投資平庸公司的策略擺到一旁。他開始以合理的價格投資優秀的公司，並且永久持有它們。年紀較大一點的人也可能和熱情的年輕人一樣，固著於某種意識形態而無法用更好的方式看待事情。所以這就是為什麼有個像查理·蒙格這樣的人當你的朋友和事業夥伴是件好事。

推翻舊想法
IDEA DESTRUCTION

「我們無時無刻都在學習、修正和推翻想法。在正確的時間迅速推翻你的想法是你應具備的最好特質。你必須強迫自己從不同角度看待事情。」

◆

"We all are learning, modifying, or destroying ideas all the time. Rapid destruction of your ideas when the time is right is one of the most valuable qualities you can acquire. You must force yourself to consider arguments on the other side."

這聽起來很容易，但實際做起來很困難。人們不大喜歡放棄自己長期抱持的想法。這麼做會讓他們不自在而且充滿憂慮。而且改變往往需要極大的心力。蒙格和巴菲特曾做過最困難的「推翻舊想法」的思考過程，或許是結束掉波克夏海瑟威的紡織部門事業。即使這個事業已經毫無前途，而且不可能再賺錢的態勢已經非常明朗，他們仍持續它的運作。一直要到事業開始賠錢，他們才終於面對現實結束營運。

　　另一個例子是蒙格和巴菲特在巴爾的摩的霍克希爾德・柯恩百貨公司的投資，他們以非常划算的價格買入，但很快就發現它是個不適合營運的公司。他們花了將近三年的時間才找到人將它脫手。當你要賣掉一項投資時，非公開上市的公司總是最難脫手。

　　這裡簡單的心得是：蒙格腦子永遠在動。他不會安於既有的榮耀，我們也應當如此。

109

教義問答集
CATECHISM

「噢，只和你信得過的人打交道，避開其他所有人，這招非常實用。應該把它當成教義問答集來教大家……。聰明人都想儘量避開害人精，但世上害人精多的是。」

◆

"Oh, it's just so useful dealing with people you can trust and getting all the others the hell out of your life. It ought to be taught as a catechism... But wise people want to avoid other people who are just total rat poison, and there are a lot of them."

教義問答集通常是指提供年輕學生宗教指引的一些信條整理。蒙格這段話想要宣揚的哲理是，我們必須拋棄我們最不能信任的朋友和事業夥伴。這包含多層意義。首先在個人層次上，如果不想繼續與不可靠的家族成員有關係，也許人們就不再參加大型的家族聚會。在商業領域裡，如果無法信任自己的員工或是生意往來的對象，可能會導致嚴重焦慮和工作效率不彰，因為信賴感是所有事業運作順利必要的潤滑劑。不管你是經營卡車公司，還是醫院，你的經理人都必須信任他們的員工，才能有效執行工作，他們也必須相信他們預訂的產品和原料會準時送達。如果這一點都無法做到，這個公司就大有麻煩了。

110

千篇一律的解決方案
COOKIE-CUTTER SOLUTIONS

「沒有『一招打遍天下』這回事……。梅奧診所★
正確的經營方式並不等同於好萊塢電影業正確的
經營方式。你不能用千篇一律的方式管理所有的
公司。」

◆

" 'One solution fits all' is not the way to go... The right
culture for the Mayo Clinic is different from the right culture at
a Hollywood movie studio. You can't run all these places with a
cookie-cutter solution."

蒙格這裡談到的是，組織的架構、經營者與員工之間以及他們與客戶之間互動的動態模式。個人經驗告訴他，所有公司都是獨一無二的，我們不能夠期待在某個公司運作良好的架構，放在另一個公司也會有效。每當波克夏海瑟威買下一家公司時，他們多半會保留原本公司的經營文化，而不願做太多更動。波克夏的經理人一輩子都待在同一個部門或同一個公司。波克夏保險業務的傑出經理人絕對不會派到它的鐵路部門，反之亦然。相反地，像通用電氣這類公司，則常常把某個部門或公司的傑出經理人，派任到全然不同的事業體。蒙格認為波克夏不隨意更動經理人的做法，正是波克夏可以從一家小紡織廠成長到最後規模超越通用電氣的原因之一。

★ 梅奧診所（Mayo Clinic），美國公認的最佳醫療機構之一，總部位於明尼蘇達州羅徹斯特（Rochester），2016～17 年列為美國最佳醫院榜首。

111

學習機器
LEARNING MACHINES

「華倫是全世界最好的學習機器……。他65歲之後，投資技巧大有增進。目睹過華倫整個演變過程之後，我可以這麼說，如果他在稍早之前，就停下來不再學習，他絕不會有今天的輝煌成就。」

◆

"Warren is one of the best learning machines on this earth... Warren's investing skills have markedly increased since he turned 65. Having watched the whole process with Warren, I can report that if he had stopped with what he knew at earlier points, the record would be a pale shadow of what it is."

巴菲特在六十五歲之後，變成更加優秀的投資人，這代表所有人不管年紀多大，都還有機會。即使到了該退休的年齡，不斷學習仍會讓我們大有收穫，尤其是在投資的賽局裡。我注意到了在專業領域真正傑出的人的另外一個特點是：他們在大多數人都應該退休的時候，還在不斷學習並自我精進。這就像鯊魚一樣，牠們游泳是為了生存；學習則是這些人為了生存而做的事。

112

智慧的祕密
SECRET TO WISDOM

「看看這一代人，有各種電子裝備和多重工作。
我可以很自信的預測，他們的成就不會超過華
倫，因為華倫只專注在閱讀。如果你想要有智慧，
你就必須坐穩屁股。智慧才會降臨。」

◆

"Look at this generation, with all of its electronic devices
and multitasking. I will confidently predict less success than
Warren, who just focused on reading. If you want wisdom,
you'll get it sitting on your ass. That' s the way it comes."

閱讀個人傳記讓我們體驗各種成功和失敗的人生；閱讀商業傳記讓我們體驗到一家公司的興衰起落，並學會如何解決問題。蒙格和巴菲特兩個人都是個人傳記和商業傳記的熱衷讀者。我還可以補充一點，如果蒙格要寫自傳的話，它的書名或許可以叫做《我如何讀出名聲和財富——屁股穩穩坐著》。

113

法律業務
LEGAL BUSINESS

「我得到最好的法律經驗是在我很小的時候。我問我的父親為什麼他要幫一個大言不慚、整日吹噓的人做那麼多工作，卻沒幫他最好的朋友葛蘭特‧麥克法登做太多事。他說：『你說的那個整日吹噓的傢伙是專門招惹法律糾紛的大金主，而葛蘭特‧麥克法登遇到問題處理得又快、待人又好，幾乎沒有什麼法律業務可做。』」

◆

"The best legal experience I ever got was when I was very young. I asked my father why he did so much work for a big blowhard, an overreaching jerk, rather than for his best friend Grant McFadden. He said, 'That man you call a blowhard is a walking bonanza of legal troubles, whereas Grant McFadden, who fixes problems promptly and is nice, hardly generates any legal work at all.'"

兩點心得：（1）如果我們解決問題很快速、對人們又好，就不大會惹上法律問題。（2）在各行各業裡，不管是水電工、律師、牙醫、修屋頂的、還是外科醫生，通常是惹麻煩的人才會把生意送上門。這也是蒙格脫離律師工作的原因之一。

114

變老
GETTING OLDER

「隨著年紀變老，我的經驗變得更豐富。我就像是從摩天大樓往下跳的人，在經過五樓的時候一邊說：『目前為止一切順利。』」

◆

"I'm getting more experienced at aging. I'm like the man who jumped off the skyscraper and at the 5th floor on the way down says, 'So far this is not a bad ride.'"

蒙格從沒有做過前列腺檢查或是 PSA（前列腺特定抗原）測試，因為他不想知道自己是不是得了前列腺癌。他認為既然大部分男性都會有前列腺的問題，幹嘛要去擔心？他也不擔心加州的大地震。所有無可避免的事情他都拒絕去煩惱。這讓他的生活幾乎沒有太多壓力，這也是他已經活到九十四歲的原因。

正面強化
POSITIVE REINFORCEMENT

「所有人透過心理學家所說的強化作用，都可以
表現得更好。如果你不斷獲得獎勵，就算你是華
倫・巴菲特，你也會有反應……。學習這一點，
並且找出方法強化你身邊的人，讓他們更加有成
就。」

◆

"All human beings work better when they get what
psychologists call reinforcement. If you get constant rewards,
even if you're Warren Buffett, you'll respond... Learn from
this and find out how to prosper by reinforcing the people who
are close to you."

交朋友的祕訣就是要像個朋友。想要在你有需要的時候，獲得幫助的祕訣，就是對有需要的人先伸出援手。學習的祕訣在於教導。讓人們更加卓越的祕訣則是加強他們的正面特質。知名搖滾樂手波諾（Bono）為了讓美國國會支持他的非洲援助計畫，向巴菲特尋求協助，巴菲特給他的建議是，不要訴諸於議員們的同情心，而是訴諸於他們的偉大胸襟。

116

動機偏誤
INCENTIVE-CAUSED BIAS

「你必須有信心去超越那些學經歷比你更優秀，卻明顯受到動機偏誤或其他類似心理問題而損害其認知的。不過，有些時候你也必須承認自己無法貢獻更多智慧，這時你最好的做法就是信賴專家。」

◆

"You must have the confidence to override people with more credentials than you whose cognition is impaired by incentive-caused bias or some similar psychological force that is obviously present. But there are also cases where you have to recognize that you have no wisdom to add—and that your best course is to trust some expert."

什麼是動機偏誤？蒙格喜歡說的一個故事是，某個執行長不明白為什麼他的公司更新、更便宜、設計得更好的產品，卻沒辦法賣得比它舊型、而且比較昂貴的產品更好，直到後來他才發現，原來賣舊產品的佣金比新產品的佣金還要高。這個執行長的解決方法是，提高新產品的佣金。蒙格了解到大部分的售貨員，不管是賣外科器材的外科中心、賣輪胎的輪胎公司、賣房子的房地產業者、或者是賣給客戶特殊設計的工程公司，他們都有金錢上的動機想要做成交易，因此會想方設法鼓吹你買他們的東西，即使這個交易並不符合你的最佳利益。蒙格在這裡想要建議的是，我們要心存懷疑並自我學習，才能保護自己不被人占便宜。或許這就像劇作家蕭伯納（Bernard Shaw）說的：「所有的專業都是對外行人的陰謀。」

　　當然，有時當我們看出背後的偏誤時，需要諮詢專家的意見。在這種情況下，聰明的做法是詢問第二個甚至是第三個人的意見，或者，為了保險起見，問問第四個意見也不錯。

117

心胸狹隘
NARROW-MINDEDNESS

「大部分人接受一種模式的訓練——比如說，經濟學——而且想用同一個方法解決所有問題。大家聽過一句俗話：『拿著錘子的人，世界就像根釘子。』這是處理問題的笨法子。」

◆

"Most people are trained in one model—economics, for example—and try to solve all problems in one way. You know the saying: 'To the man with a hammer, the world looks like a nail.' This is a dumb way of handling problems."

這段話用在經濟學領域特別貼切，一個理論可能製造出某些問題，另一個理論則試圖解決。比如說李嘉圖（David Ricardo）★對自由貿易的經濟理論，把美國數百萬計的工作送到了海外而助長了失業問題。凱因斯學派★的經濟理論則說，失業的問題可以用降低利率和加印紙鈔刺激經濟的方式來解決。如此一來，政府一方面追求自由貿易的經濟政策，這助長了失業，而另一方面聯邦儲備銀行採取的則是降低利率和印鈔票的方式來打擊失業率。

★　李嘉圖（David Ricardo，1772-1823），英國政治經濟學家。

★　凱因斯（John Maynard Keynes，1883-1946），英國經濟學家，一反十八世紀亞當斯密以來尊重市場機制、反對人為干預的經濟學思想，主張政府應該積極扮演經濟舵手的角色，透過財政與貨幣政策來對抗經濟衰退。

(118)

美好生活
LIVING WELL

「老人最好的防禦盔甲，是在變老之前過充實的
生活。」

◆

"The best armor of old age is a well-spent life preceding it."

這讓我想起巴菲特曾經對一群大學生說過的話：「我們照顧自己的身體，要像這輩子唯一擁有過的車子一樣。」蒙格把巴菲特這個汽車的比喻牢記在心，了解到越少操勞身體，就可以減少磨損，讓它保固期更長久。也因此他是出了名的儘量避免任何運動，最多只是在俱樂部裡打橋牌或是翻翻書本。我認為他這句話真正的意思是，應該把人生用在高貴的追求上，抱持求知的心，扮演參與社群的一分子，一直持續到年老，過一個非常有趣味而滿意的晚年生活。

婚姻的建議
MARRIAGE ADVICE

「找結婚對象時，你不應該找容貌美麗或是個性好的，你該找的是對你期待比較低的另一半。」

◆

"In marriage, you shouldn't look for someone with good looks and character. You look for someone with low expectations."

抱著很高期待的配偶永遠也無法取悅，你一輩子都會可憐兮兮跳火圈耍特技設法取悅他或她。所以，除非你想要一輩子都和一個不開心的人在一起，最好還是找個對你期待比較低的人。不過，在商場上恰恰相反：如果你對員工或是經營團隊期待很低，他們永遠沒有機會學會如何讓自己的技能或專業更卓越。為什麼婚姻中這不適用？因為婚姻並不是一份工作。

烦恼的有钱人
THE WORRIED RICH

「假如你讓華倫‧巴菲特陪了你四十年，這傢伙
就算比你早死，你也沒什麼資格好抱怨的。」

◆

"If you get Warren Buffett for 40 years and the bastard finally
dies on you, you don't really have a right to complain."

蒙格在這裡談的是，一部分波克夏海瑟威的股東們，他們因為蒙格和巴菲特年歲漸長，依賴他們的智慧來獲利的日子，可能已經不多而感到恐慌。有相當多波克夏的股東，在蒙格和巴菲特的經營下成為百萬富翁，還有不少的人甚至成了億萬富翁。波克夏的獲利遠超過任何人的夢想，但是不管他們賺得的是幾百萬還是幾十億，有些人對自己擁有的東西永遠也不滿足，會一直抱怨到生命終結為止。十六到十七世紀的哲學家、科學家兼政治家法蘭西斯‧培根（Francis Bacon）也注意到很相似的現象：有一些人越是有錢，就變得越不幸──對某些人而言，致富並非一種福分，而是一個詛咒。

121

可口可樂公司
THE COCA-COLA COMPANY

「好幾十年來，可口可樂一直是含糖量頗高的產品，而且年年成長。全糖的可樂銷量如今正在消退。幸運的是，可口可樂公司擁有龐大的基礎設備，儘管有些部門消退，但是其他部門在增長。我認為可口可樂是非常強健的公司，未來表現還會更好。我們還是像在桶子裡射魚一樣賺錢。」

◆

"Coke for many decades has been a basic product full of sugar, and it grew every year. Full-sugar Coke is now declining. Fortunately, the Coca-Cola Company has a vast infrastructure. Coca-Cola is declining some, but the rest of the businesses are rising. I think Coke is a strong company, and will do very well. It's still like shooting fish in a barrel."

可口可樂的全糖飲料銷售衰退是財經媒體最愛討論的話題，也是懷疑論者在檢視波克夏的投資組合時最先關注的焦點。可口可樂全糖飲料的成長確實不如以往。不過，這家公司擁有超過五百種不同品牌的氣泡飲料和無氣泡飲料，每天在超過兩百個國家銷售十九億個單位。可口可樂公司的情況是，它在早期獲利豐富財源滾滾時，就到世界各地收購每個國家最受歡迎的飲料。隨著全球人口增長，可口可樂的消費人口也同步增加。從 1970 年到 2016 年，全球人口在這之間增加了一倍，如果從 2016 年到 2062 年這之間人口再增加一倍的話，可口可樂的五百個不同品牌的飲料很輕易就可以再增加一倍的銷量。銷量加倍，獲利也可以加倍。它在 2015 年每股的獲利是 1.67 美元，我們可以推論它在 2062 年每股應該可以獲利 3.34 美元，這等於是每年每股 2.17% 的獲利成長率。隨著每股獲利成長，股價也會成長。再加上目前 3.24% 的股息，我們加總的年度報酬率是 5.41%。這還沒有把股票回購增加的每股獲利、新的併購、股息提高等算進去，這些都是過去三十九年來這家公司持續出現的情況。在如今負利率的時代，可口可樂看來仍是非常可口的投資。

122

嫉妒
ENVY

「嫉妒和貪慕，什麼，在十誡*裡面它們就占了
兩個？各位當中有養小孩的都應該知道什麼是嫉
妒？開法律事務所、投資銀行、或甚至是辦學院
的，應該也知道什麼是嫉妒？我聽過巴菲特說過
好幾次：『推動世界的不是貪婪，而是嫉妒。』」

◆

"Well, envy and jealousy made, what, two out of the Ten
Commandments? Those of you who have raised children you
know about envy, or tried to run a law firm or investment bank
or even a faculty? I've heard Warren say a half a dozen times,
'It's not greed that drives the world, but envy.'"

我知道七宗罪是什麼，我必須說其中嫉妒和貪慕是最讓人不愉快的。憤怒、貪婪、怠惰、暴食和色慾——尤其是色慾，在人們自我放縱導致大災難的過程中，還可能帶來樂趣；但是嫉妒和貪慕，即使只是微小的量，都會讓人悲慘無比。不過，如果蒙格和巴菲特說的沒錯，世界是由嫉妒所推動，那也就難怪世上不快樂的人如此之多。

★　根據《聖經》記載，十誡是上帝耶和華透過先知摩西向以色列民族頒布的十條戒律。和嫉妒或相關的兩個戒律是「不可貪戀別人的妻子」和「不可貪戀別人的財產」。

123

閱讀
READING

「我這一輩子，所認識有智慧的人之中，沒有一個不是一天到晚在閱讀，零個，一個都沒有。華倫，還有我所閱讀的廣泛程度，一定會讓你驚訝。我的孩子笑我，他們覺得我整個人就像是一本伸出一雙腳的書。」

◆

"In my whole life, I have known no wise people who didn't read all the time—none, zero. You'd be amazed at how much Warren reads—and how much I read. My children laugh at me. They think I'm a book with a couple of legs sticking out."

蒙格一直是個熱忱閱讀的讀者。他小時候就待在奧馬哈市區的公立圖書館裡，在各個書架之間探索，在那裡，他在書中和許多過去及當今的偉大心靈相會；在他八歲的時候，傑佛遜和富蘭克林在他床頭的書架上就有了永久的位置。閱讀幫助他出類拔萃。

$$\boxed{124}$$

承受打擊
TAKING THE BLOWS

「人生在世，必然有人會受傷害，有人會得到幫助。當大禍臨頭時，應該更勇於承受。承受人生的打擊才是男子漢。不要一天到晚怨天尤人，光靠抱怨就想解決問題。」

◆

"Life is always going to hurt some people in some ways and help others. There should be more willingness to take the blows of life as they fall. That's what manhood is, taking life as it falls. Not whining all the time and trying to fix it by whining."

正如美國偉大的牛仔明星約翰・韋恩在某部電影裡說過：
「孩子，我不太在乎那些輕言放棄的人。」我猜蒙格應該也是
如此。

無謂的擔憂
USELESS WORRY

「我不認為花時間去擔心那些你無法補救的事有什麼建設性。你只要在管理自己的金錢時,注意可能有糟糕的事會發生,其他時間大可做個傻乎乎的樂觀主義者。」

◆

"I don't think it's terribly constructive to spend your time worrying about things you can't fix. As long as when you are managing your money you recognize that a terrible thing is going to happen, in the rest of your life you can be a foolish optimist."

如我們前面提過，在金融世界裡，糟糕的事平均每八到十年就會發生一次。為什麼呢？最主要的原因是高度槓桿操作的銀行體系。操作槓桿在運氣好時可以大賺一筆，但是同樣有機會在運氣不好時賠大錢。此外，還有許多其他的事件可能導致市場崩盤；唯一可以確定的是，正面思考的力量在投資決策上，完全無用武之地。至於擔心即將來臨、將摧毀洛杉磯的大地震，對蒙格而言，想這種事情只是浪費時間。

126

學習機器
LEARNING MACHINES

「我不時看到有人在人生中崛起,他們既不是最聰明,也不是最勤奮,但他們卻是學習的機器。他們每天晚上入睡時,都比早上起床前更多一點智慧,而且,孩子,這真的很有幫助,尤其是你們人生還有漫漫長路。」

◆

"I constantly see people rise in life who are not the smartest, sometimes not even the most diligent, but they are learning machines. They go to bed every night a little wiser than they were when they got up, and boy, does that help, particularly when you have a long run ahead of you."

持續不斷學習、持續不斷自我提升是很重要的事。把它想成是智力的複利增長；我們越努力經營，我們就會更加富有。這也是投資賽局中一個奇特之處，當我們年紀越大、所學越多，我們也會成為更好的投資人。投資是一個與眾不同的領域。如果蒙格當外科醫生，過了一定時間後，他的體能和精力必然無法在手術台邊站十五個小時。如果你是做挑磚鋪牆的人，情況也是一樣。而當一個投資人，他唯一需要發揮的身體功能是他的視力，心智的清明，和看書翻頁的手指靈活度。這也正是蒙格到了九十二歲，還能和年輕小伙子鬥法，照樣揮出他的全壘打的原因所在。

127

悲劇
TRAGEDY

「當你面對一個難以置信的悲劇時，絕對不要因
為失意挫折而衍生出第二或第三個悲劇。」

◆

"You should never, when faced with one unbelievable tragedy,
let one tragedy increase into two or three because of a failure of
will."

這讓我想到波克夏一名早期的股東佛萊德（Sam Fried），他青少年時期純粹憑藉強大的意志，在可怕的奧許維茨集中營倖存了下來，在戰後來到了奧馬哈，建立了美好的家庭和傲人的事業，並成為社區中的長老級人物，以他的愛和慷慨豐富了無數人的生命。

128

多工作業
MULTITASKING

「我認為多工作業的人會付出很大的代價。」

◆

"I think people who multitask pay a huge price."

許多人相信自己多工作業時，會特別有生產力。蒙格則相信，如果你沒有花時間對某些事情做深刻的思考，你等於會讓做過縝密思考的對手，得到很大的競爭優勢。蒙格全心專注並對事情做深刻思考的能力，一直是他能在華爾街所設計的賽局中，打敗莊家的競爭優勢。

129

福氣
FELICITY

「有人問過我誰是你生命中的幸運之星。我說：
『這很容易回答——那就是我妻子的第一任丈
夫。』」

◆

"They once asked me what one person accounted for most
of my personal felicity in life, and I said, 'That's easy—that
would be my wife's first husband.'"

福氣——強烈的幸福——是蒙格用巧妙的方式形容他的第二任妻子南西給他帶來的巨大幸福。我想，他的另一層意思是說，他的妻子因為第一任丈夫的緣故，而將對他的期待降到非常低。

(130)

健康
HEALTH

「我想吃什麼就吃什麼。我從沒有花力氣注意健康。我從不做任何我不想做的運動。如果說我有些事做得成功，那是因為我堅持把事情想透澈……認為靠慢跑或是別的什麼可以贏得先機的人，自己加油吧。」

◆

"I eat whatever I want to eat. I have never paid any attention to my health. I've never done any exercise I didn't want to do. If any success has come to me, it came because I insisted on thinking things through... all these people who think they are going to get ahead by jogging or something, more power to them."

蒙格已經九十二歲而且身心狀況良好，或許跟他這種「思考」形式的運動有關。他確實也加入了鄉村俱樂部，但是如我們所說的，他在那裡的大部分時間都是待在橋牌室裡打牌。我想，也許洗牌也可以算是一種運動吧。

131

無接縫的網
A SEAMLESS WEB

「文明可以達到的最高境界是透過互信編織成一個無接縫的網,不需要太多手續,而是十分可靠的人正確地互相信賴⋯⋯。在我們的人生裡,會想要有個值得信任的無縫之網。如果說你婚姻契約書長達四十七頁,我建議你還是別結婚了。」

◆

"The highest form that civilization can reach is a seamless web of deserved trust—not much procedure, just totally reliable people correctly trusting one another... In your own life what you want is a seamless web of deserved trust. And if your proposed marriage contract has forty-seven pages, I suggest you not enter."

蒙格和巴菲特經常引用，出身奧馬哈的二十世紀建築大亨彼得・基威特（Peter Kiewit）的話。基威特說過，他想雇用的是聰明、勤奮、和誠實的人。不過這三者之中，誠實是最重要的，因為他們如果不誠實，聰明和勤奮這兩個特質會把他的東西偷光光。波克夏的企業文化中，如果某個人是你不能信任的，那你就不該跟這個人做生意。關於婚姻的問題，蒙格常掛嘴上的說法是，一旦找到對的人，就別害怕結婚。我想，一份四十七頁的婚姻契約書也許代表的是，我們還沒有找到生命中的真愛。

132

錯過的機會
MISSED CHANCES

「我認為愛比克泰德*的態度最正確。他認為生命中每個錯失的機會都是改正行為的好機會，生命中每個錯過的機會都是學習的機會，你的責任是不要沉溺於自悲自憐，而是以建設性的方式，運用這個慘痛的打擊。這是非常好的想法。」

◆

"I think the attitude of Epictetus is the best. He thought that every missed chance in life was an opportunity to behave well, every missed chance in life was an opportunity to learn something, and that your duty was not to be submerged in self-pity, but to utilize the terrible blow in constructive fashion. That is a very good idea."

希臘斯多噶派的哲學家愛比克泰德，生卒年公元 55 年～135 年，他最初是羅馬皇帝尼祿★祕書的奴隸。他研習哲學並在尼祿死後成為自由人。此後他在羅馬教授哲學，直到圖密善皇帝★下令把所有哲學家逐出城市為止；之後他逃回希臘，並創立了自己學派的哲學。

愛比克泰德認為，哲學是一種生活方式──所有外在的事物都是命運所決定，而非我們所能控制。不過，身為一個人，我們必須為自己的行動負責。在金融市場上與「愛比克泰德的命運」相對應的，是影響個別公司和它們股價起落的總體經濟學和個體經濟學的各種事件。我們對這些事件做出什麼樣的反應，是否能從中學習經驗，都是我們自己的責任。

在蒙格的投資生涯中，每一次的失敗都是學習。如果他沒

★ 愛比泰克德（Epictetus，55-135），羅馬時代的斯多噶學派希臘哲學家。他的思想對羅馬皇帝哲學家奧理略的《沉思錄》有很大的影響。

★ 尼祿（Nero，37-68），古羅馬帝國時代皇帝。西方文化中關於他的史料和軼事相當豐富，往往被視為暴君的代表，電影《暴君焚城錄》就是以尼祿為主角的經典作品。

★ 圖密善（Domitian，51-96），古羅馬皇帝，或譯為「多米田王」。基督教歷史將他描述為迫害基督徒的暴君。

有在競爭激烈的產業中，經歷過陷入營運麻煩的公司——紡織業、鞋業、零售服飾、以及航空業，他或許永遠無法掌握洞見，認識到擁有可口可樂或時思糖果這類獨占消費者的公司的奧妙。他將永遠不會了解蓋可（GEICO）這類低成本的生產者，為何能比它規模大上許多的公司更具競爭優勢。如果他從未經歷 1973～74 年的市場崩盤，他也絕不會有先見之明囤積現金，在 2008～09 年用來買進富國銀行的股票。愛迪生曾經說過：「我靠著失敗走向了成功。」雖然蒙格並沒有經歷過像愛迪生那麼多次的失敗，他仍然有資格把大部分的成功歸功於早年的失敗。

133

自欺
LYING TO ONESELF

「密西根大學音樂學院院長肯達爾曾告訴我一個故事：『當我還是小孩子時，我負責一家賣糖果的小雜貨鋪。父親有次看到我偷吃一塊糖果，我說：『沒關係，我正準備把它換掉。』我的父親說：『這種想法會毀了你的心靈。你還不如在每次這麼做時，都說自己是小偷。』」

◆

"Dean Kendall of the University of Michigan music school once told me a story: 'When I was a little boy, I was put in charge of a little retail operation that included candy. My father saw me take a piece of candy and eat it. I said, "Don't worry. I intend to replace it." My father said, "That sort of thinking will ruin your mind. It will be much better for you if you take all you want and call yourself a thief every time you do it." ' "

法國哲學家沙特★形容自欺是屬於「壞的信念」（bad faith）的行為，因為它否定了「真實」，它破壞的不只是個人的是非觀，也破壞了社會的是非觀。為什麼也影響到社會？沙特在一九四〇年代香煙裊繞的巴黎咖啡館裡會這樣回答：因為我們無法從半真半假與謊言的基石上，建立一個成功的文明。蒙格這段話說的是，人們為了主張自己壞行為的正當性所說的小謊話，往往會演變成一個不只是破壞自己人生，而且破壞眾多他人人生的大謊言——例如在 2007 ～ 09 年，華爾街惡質的人們「壞的信念」的行為，對全世界的經濟造成嚴重破壞。

────

★　沙特（Jean-Paul Sartre，1905-1980），二十世紀法國存在主義哲學家。

說實話
TRUTH

「記住路易‧文森提的定律：『說實話，這樣你
就不用記得自己撒過什麼謊。』」

◆

"Remember Louis Vincenti's rule: 'Tell the truth, and you
won't have to remember your lies.'"

路易‧文森提是一名律師，也是魏斯可金融公司備受敬重的董事長兼執行長，直到他七十五歲退休為止。他以做生意頭腦精明、作風果斷而知名。他有話就直說而且實話實說。有人說，對蒙格和巴菲特而言，他是言行一致的象徵，對兩人都有很大的影響力。

觀點
PERSPECTIVE

「如果你有個很自豪的好意見,卻不能把它的反
面主張說得比你的對手更好,那就不妙了。這是
很好的心智訓練。」

"It's bad to have an opinion you're proud of if you can't state
the arguments for the other side better than your opponents.
This is a great mental discipline."

這種心智訓練源自蒙格早年的法律訓練，律師如果對案例的正反兩面都能做出論證就越有利。能夠知道對方的論點，及它可能的攻擊點，就可以在案件進入法庭之前，早早預做反擊的準備。這種心智訓練最有趣的部分是，在了解對方的論點之後，我們可能才會發現對方是對的，而我們自己是錯的。或許這就是很少人會接受蒙格這個建議的原因吧。

多領域學科
MULTIDISCIPLINE

「如果你有足夠的理解力，能當個心智成熟的大人，你就有辦法把比你更聰明的人湊在一起。只需要掌握所有領域，而不是只有一些領域的關鍵觀念，你馬上就可以變得比他們還聰明。」

◆

"If you have enough sense to become a mental adult yourself, you can run rings around people smarter than you. Just pick up key ideas from all the disciplines, not just a few, and you're immensely wiser than they are."

在樂團裡面能夠演奏各種樂器的人就可以寫出一個奏鳴曲，但是只會演奏中提琴的人，就算他是全世界最偉大的中提琴手，也只能演奏中提琴。像蒙格這樣的人，他可以把天南地北的話題兜在一起，從達爾文的演化論、到古爾德（Stephen Jay Gould）對達爾文理論的觀點、到愛因斯坦的統一場論、白芝浩（Walter Bagehot）1873 年論中央銀行的論文、牛頓和萊布尼茲對微積分的發展、史泰格（Marcia Stigum）對貨幣市場的大部頭巨著、馬基斯・詹姆斯（Marquis James）和傑西・詹姆斯（Jessie R. James）的美國銀行史、歐本海默（Robert Oppenheimer）與泰勒（Edward Teller）對氫彈研發的爭議、一直談到威爾森（E. O. Wilson）的社會學理論。有必要的時候，他甚至可以當場引用馬克吐溫或是康德的名言。雖然他對於二十世紀德國表現主義劇場、達達主義、和達基列夫的俄式芭蕾（Diaghilev's Ballet Russes）或許不是那麼精通，他光靠如何在股市賺錢的淵博知識，就足以彌補這些不足。我還可以補充一點，他對生命中一些比較重要的事也是知識廣博，像是在明尼蘇達的湖中釣鼓眼魚。

文明
CIVILIZATION

「長久以來,偉大文明衰亡被取而代之的機率是
100%。所以你該知道它會怎麼結束。」

◆

"Over the long term, the eclipse rate of great civilizations
being overtaken is 100%. So you know how it's going to end."

從第九世紀到十二世紀，威尼斯是全球的金融與貿易中心，這樣的鼎盛時期過了很久之後，威尼斯仍是非常富庶的城市，而威尼斯人也被認為是歐洲最成功的創業家和生意人。不再是第一名了，並不代表你就不能當第二名繼續賺大錢。如果你不相信我的話，看看蒙格就好了：他從 1979 年開始就是波克夏海瑟威的第二號人物，他看起來還不算太寒酸。

138

倒影
REFLECTION

「我喜歡大家，因為你們讓我想起了我自己。有
誰不喜歡鏡中的映像盯著自己看。」

◆

"I like you all because you remind me of myself. Who doesn't
like his own image staring back at him?"

魔鏡永遠運作不息。我們也喜歡你！謝謝你，蒙格，感謝你多年來與我們分享知識的美好餽贈！

致謝

想感謝凱特、德克斯特和米蘭達他們無比的耐心和愛。特別要感謝斯克里布納出版公司無比神奇的出版人兼編輯羅茲·里伯，給我這個機會去思考和寫作很有趣的人物和一些很冷僻的主題。我也要感謝我非常親愛的朋友兼導師，懷俄明律師蓋瑞·史賓斯，他教我如何為公義而戰。最後，同樣重要的，我要感謝華倫·巴菲特，把美妙且迷人的查理·蒙格帶進我的人生。

引用資料

1. Daily Journal Annual Meeting, 2015, http://www.forbes.com/sites/
   phildemuth/2015/04/20/charlie-mungers-2015-daily-journal-annual-meeting-part-
   3/#20f8719d6f0e
2. http://blogs.wsj.com/moneybeat/2014/09/12/a-fireside-chat-with-charlie-munger/
3. Daily Journal Annual Meeting, 2015, http://www.forbes.com/sites/
   phildemuth/2015/04/13/charlie-mungers-2015-daily-journal-annual-meeting-
   part-2/#429049264673
4. http://www.gurufocus.com/news/144211/charlie-mungers-wisdom-poker-and-votes
5. Daily Journal Annual Meeting, 2015, http://www.forbes.com/sites/
   phildemuth/2015/04/07/charlie-mungers-2015-daily-journal-annual-meeting-part-
   1/#39be30b31d62
6. https://old.ycombinator.com/munger.html
7. http://blogs.wsj.com/moneybeat/2014/09/12/a-fireside-chat-with-charlie-munger/
8. http://www.quoteswise.com/investing-quotes.html
9. http://www.thepracticalway.com/2010/12/20/quotes-charlie-munger/
10. http://www.nexusinvestments.com/the-wit-and-wisdom-of-charlie-munger/
11. Tren Griffin, Charlie Munger: The Complete Investor （New York: Columbia
    University Press, 2015）, p.129.
12. Wesco Annual Meeting, 2006, http://www.valueplays.net/wp-content/uploads/The-
    Best-of-Charlie-Munger-1994-2011.pdf
13. http://www.jameslau88.com/charlie_munger_on_checklist_investing.htm
14. http://www.thepracticalway.com/2010/12/20/quotes-charlie-munger/
15. Daily Journal Annual Meeting, 2016, http://thecharlieton.com/the-2016-daily-journal-
    meetings-notes-february-10-2016/
16. Berkshire Hathaway Annual Meeting, 2001, http://www.bengrahaminvesting.ca/
    Resources/Books/The-Best-of-Charlie-Munger-1994-2011.pdf
17. Daily Journal Meeting, 2015, http://www.marketfolly.com/2015/03/notes-from-

charlie-mungers-daily.html

18. Wesco Annual Meeting, 2006, http://www.valueplays.net/wp-content/uploads/The-Best-of-Charlie-Munger-1994-2011.pdf

19. Daily Journal Annual Meeting, 2015, http://www.forbes.com/sites/phildemuth/2015/04/07/charlie-mungers-2015-daily-journal-annual-meeting-part-1/#39be30b31d62

20. Griffin, Charlie Munger, p.39

21. Berkshire Annual Meeting, 2003, http://www.fool.com/news/2003/05/05/report-from-berkshires-meeting.aspx

22. Berkshire Annual Meeting, 2005, http://www.tilsonfunds.com/brkmtg05notes.pdf

23. http://www.philanthropyroundtable.org/topic/excellence_in_philanthropy/masters_class

24. http://blogs.wsj.com/moneybeat/2014/09/12/a-fireside-chat-with-charlie-munger/

25. http://blogs.wsj.com/moneybeat/2014/09/12/the-secrets-of-berkshire-hathaways-success-an-interview-with-charlie-munger/

26. https://old.ycombinator.com/munger.html

27. Daily Journal Annual Meeting, 2015, http://www.forbes.com/sites/phildemuth/2015/04/20/charlie-mungers-2015-daily-journal-annual-meeting-part-3/#20f8719d6f0e

28. Daily Journal Annual Meeting, 2015, http://www.forbes.com/sites/phildemuth/2015/04/07/charlie-mungers-2015-daily-journal-annual-meeting-part-1/#39be30b31d62

29. http://today.law.harvard.edu/feature/money/

30. Berkshire Hathaway Annual Meeting, 2000, http://www.fool.com/investing/general/2015/01/17/12-of-the-best-things-charlie-munger-has-ever-said.aspx

31. Bud Labitan, The Four Filters Invention of Warren Buffett and Charlie Munger, p.79

32. http://www.jameslau88.com/charlie_munger_on_the_conventional_wisdom_on_foundation_investing.htm

33. Wesco Annual Meeting, 1989, from Janet Lowe, Damn Right! Behind the Scenes with Berkshire Hathaway Billionaire Charlie Munger（Hoboken, NJ: Wiley, 2003），p.150

34. https://old.ycombinator.com/munger.html

35. Daily Journal Annual Meeting, 2014, http://www.jianshu.com/p/4be97742ef5b

36. Daily Journal Annual Meeting, 2014, http://www.jianshu.com/p/4be97742ef5b

37. Berkshire Annual Meeting, 2015, http://www.businessinsider.com/warren-buffett-charlie-munger-quotes-at-berkshire-hathaway-annual-meeting-2015-5

38. Daily Journal Annual Meeting, 2014, http://theinvestmentsblog.blogspot.com/2015/05/berkshires-architect.html

39. Wesco Annual Meeting, 2002, http://www.jameslau88.com/charlie_munger_at_the_2002_wesco_annual_meeting.htm

40. Wesco Annual Meeting, 2009, http://www.valuewalk.com/wp-content/uploads/2014/05/Charlie-Munger-2005-2013-minus-Harvard-Westlake.pdf

41. Daily Journal Annual Meeting, 2014, http://www.jianshu.com/p/4be97742ef5b

42. Daily Journal Meeting, 2016, http://www.valuewalk.com/2016/02/charlie-munger-daily-journal-2016/?all=1

43. Wesco Annual Meeting, 2009, http://www.bengrahaminvesting.ca/Resources/Books/The-Best-of-Charlie-Munger-1994-2011.pdf

44. https://old.ycombinator.com/munger.html

45. http://blogs.wsj.com/moneybeat/2014/09/12/the-secrets-of-berkshire-hathaways-success-an-interview-with-charlie-munger/

46. Wesco Annual Meeting, 2009, http://www.valuewalk.com/wp-content/uploads/2014/05/Charlie-Munger-2005-2013-minus-Harvard-Westlake.pdf

47. Berkshire Annual Meeting, 2006, http://www.fool.com/news/2003/05/05/report-from-berkshires-meeting.aspx

48. Wesco Annual Meeting, 2011, Questions and Answers, http://www.fool.com/investing/general/2012/06/14/charlie-mungers-30-best-zingers-of-all-time.aspx

49. Wesco Annual Meeting, 2010, http://www.fool.com/investing/value/2010/05/07/charlie-mungers-thoughts-on-just-about-everything.aspx

50. Berkshire Annual Meeting, 2002, http://www.azquotes.com/author/20634-Charlie_Munger/tag/capitalism

51. Wesco Annual Meeting, 2005, http://www.tilsonfunds.com/wscmtg05notes.pdf

52. http://thecharlieton.com/category/hedgefundnotes/

53. Wesco Annual Meeting, 2009, http://www.fool.com/investing/value/2009/05/08/

charlie-mungers-thoughts-on-just-about-everything.aspx

54. http://money.cnn.com/2005/05/01/news/fortune500/buffett_talks/index.htm

55. Wesco Annual Meeting, 2002, http://www.jameslau88.com/charlie_munger_at_the_2002_wesco_annual_meeting.htm

56. Wesco Annual Meeting, 2004, http://mungerisms.blogspot.com/2009/10/wesco-2004-annual-meeting.html

57. Wesco Annual Meeting, 2009, http://www.fool.com/investing/value/2009/05/08/charlie-mungers-thoughts-on-just-about-everything.aspx

58. Daily Journal Annual Meeting, 2015, http://www.forbes.com/sites/phildemuth/2015/04/20/charlie-mungers-2015-daily-journal-annual-meeting-part-3/#20f8719d6f0e

59. Daily Journal Annual Meeting, 2015, http://www.forbes.com/sites/phildemuth/2015/04/07/charlie-mungers-2015-daily-journal-annual-meeting-part-1/#39be30b31d62

60. Daily Journal Annual Meeting, 2015, http://www.forbes.com/sites/phildemuth/2015/04/07/charlie-mungers-2015-daily-journal-annual-meeting-part-1/#39be30b31d62

61. http://www.cnbc.com/id/100705820

62. Daily Journal Annual Meeting, 2014, http://www.jianshu.com/p/4be97742ef5b

63. Wesco Annual Meeting, 2005, http://www.bengrahaminvesting.ca/Resources/Books/The-Best-of-Charlie-Munger-1994-2011.pdf

64. Wesco Annual Meeting, 2009, http://docslide.us/documents/wesco-nancial-meeting-notes-1999-2009.html

65. Daily Journal Annual Meeting, 2014, http://www.forbes.com/sites/phildemuth/2014/09/25/charlie-munger-and-the-2014-daily-journal-annual-meeting-part-two/#77dc5b3f3b71

66. Daily Journal Annual Meeting, 2015, http://www.forbes.com/sites/phildemuth/2015/04/20/charlie-mungers-2015-daily-journal-annual-meeting-part-3/#20f8719d6f0e

67. Daily Journal Annual Meeting, 2014, http://www.jianshu.com/p/4be97742ef5b

68. Daily Journal Annual Meeting, 2014, http://www.jianshu.com/p/4be97742ef5b

69. Daily Journal Annual Meeting, 2014, http://www.jianshu.com/p/4be97742ef5b

70. http://today.law.harvard.edu/feature/money/

71. Berkshire Hathaway Annual Meeting, May 2000, from Alice Schroeder, The Snowball: Warren Buffett and the Business of Life（New York: Bantam, 2008）, p.579

72. http://www.thepracticalway.com/2010/12/20/quotes-charlie-munger/

73. http://www.thepracticalway.com/2010/12/20/quotes-charlie-munger/

74. http://theinvestmentsblog.blogspot.com/2011/06/munger-two-kinds-of-businesses-part-ii.html

75. http://www.thepracticalway.com/2010/12/20/quotes-charlie-munger/

76. http://theinvestmentsblog.blogspot.com/2013/06/buffett-and-munger-on-sees-candy.html

77. Lowe, Damn Right, p.150

78. Interview with the BBC, 2009, http://www.psy tec.com/2009/10/buffett-and-munger-on-bbc.html

79. https://old.ycombinator.com/munger.html

80. https://old.ycombinator.com/munger.html

81. Wesco Annual Meeting, 2005, http://www.tilsonfunds.com/wscmtg05notes.pdf

82. Wesco Annual Meeting, 2005, http://www.tilsonfunds.com/wscmtg05notes.pdf

83. Wesco Annual Meeting, 2003, https://variantperceptions.wordpress.com/category/munger/

84. Wesco Annual Meeting, 2008, mungerisms.blogspot.com/2009/08/2008-annual-meeting-notes.html

85. Wesco Annual Meeting, 2007, http://www.valuewalk.com/wp-content/uploads/2014/05/Charlie-Munger-2005-2013-minus-Harvard-Westlake.pdf

86. http://thecharlieton.com/category/hedgefundnotes/

87. Wesco Annual Meeting, 2007, http://www.bengrahaminvesting.ca/Resources/Books/The-Best-of-Charlie-Munger-1994-2011.pdf

88. Wesco Annual Meeting, 2010, http://www.bengrahaminvesting.ca/Resources/Books/The-Best-of-Charlie-Munger-1994-2011.pdf

89. Wesco Annual Meeting, 2005, http://www.tilsonfunds.com/wscmtg05notes.pdf

90. Wesco Annual Meeting, 2008, http://www.bengrahaminvesting.ca/Resources/Books/

The-Best-of-Charlie-Munger-1994-2011.pdf

91. Wesco Annual Meeting, 2007, http://www.bengrahaminvesting.ca/Resources/Books/
    The-Best-of-Charlie-Munger-1994-2011.pdf

92. http://www.thepracticalway.com/2010/12/20/quotes-charlie-munger/

93. http://www.quoteswise.com/charlie-munger-quotes-4.html

94. Griffin, Charlie Munger, p.42

95. http://www.gurufocus.com/news/119820/30-of-charlie-mungers-best-quotes

96. Griffin, Charlie Munger, p.85

97. Wesco Annual Meeting, 2010, http://www.fool.com/investing/value/2010/05/07/
    charlie-mungers-thoughts-on-just-about-everything.aspx

98. Berkshire Hathaway Annual Meeting, 2011, http://www.fool.com/investing/
    general/2011/07/05/charlie-mungers-thoughts-on-the-world-part-2.aspx

99. http://boundedrationality.wordpress.com/quotes/charlie-munger/

100. Daily Journal Annual Meeting, 2015, http://www.gurufocus.com/news/394902/
     seeking-wisdom-from-charlie-munger

101. http://www.valueinvestingworld.com/2014/10/charlie-munger-on-how-he-invested-
     when.html

102. Wesco Annual Meeting, 2007, http://www.valuewalk.com/wp-content/
     uploads/2014/05/Charlie-Munger-2005-2013-minus-Harvard-Westlake.pdf

103. http://www.thepracticalway.com/2010/12/20/quotes-charlie-munger/

104. Berkshire Annual Meeting, 2015, http://www.businessinsider.com/warren-buffett-
     charlie-munger-quotes-at-berkshire-hathaway-annual-meeting-2015-5

105. Daily Journal Annual Meeting, 2014, http://www.forbes.com/sites/
     phildemuth/2014/10/08/charlie-munger-and-the-2014-daily-journal-annual-meeting-
     part-four/#1bef4833644b

106. http://www.talkativeman.com/mungerisms-charlie-mungers-100-best-zingers-of-all-
     time/

107. http://genius.com/Charlie-munger-usc-law-commencement-speech-annotated

108. Wesco Annual Meeting, 2006, Question and Answers, https://www.goodreads.com/
     quotes/12934-we-all-are-learning-modifying-or-destroying-ideas-all-the

109. Daily Journal Annual Meeting, 2015, http://www.forbes.com/sites/

phildemuth/2015/04/20/charlie-mungers-2015-daily-journal-annual-meeting-part-3/#20f8719d6f0e

110. https://www.gsb.stanford.edu/sites/default/ les/38_Munger_0.pdf

111. Wesco Annual Meeting, 2007, http://www.fool.com/investing/general/2014/09/07/warren-buffetts-right-hand-man-reveals-his-secrets.aspx

112. Wesco Annual Meeting, 2007, http://www.bengrahaminvesting.ca/Resources/Books/The-Best-of-Charlie-Munger-1994-2011.pdf

113. Wesco Annual Meeting, 2009, http://www.bengrahaminvesting.ca/Resources/Books/The-Best-of-Charlie-Munger-1994-2011.pdf

114. Wesco Annual Meeting, 2007, http://www.bengrahaminvesting.ca/Resources/Books/The-Best-of-Charlie-Munger-1994-2011.pdf

115. Wesco Annual Meeting, 2007, http://www.bengrahaminvesting.ca/Resources/Books/The-Best-of-Charlie-Munger-1994-2011.pdf

116. https://truinn.wordpress.com/2014/04/30/wisdom-from-charlie-munger-i/

117. Griffin, Charlie Munger, p.42

118. Charles T.Munger, Poor Charlie's Almanac: The Wit and Wisdom of Charles T.Munger, https://www.goodreads.com/author/quotes/236437.Charles_T_Munger

119. Daily Journal Annual Meeting, 2015, http://www.bedelfinancial.com/blog/elaines-blog/warren-buffett-and-charlie-munger-more-than-investing/289/

120. Wesco Annual Meeting, 2007, http://www.fool.com/investing/general/2009/05/04/roundtable-buffetts-biggest-berkshire-bomb.aspx

121. http://latticeworkinvesting.com/2016/02/13/charlie-munger-transcript-of-daily-journal-annual-meeting-2016/

122. http://www.rbcpa.com/mungerspeech_june_95.pdf

123. http://www.quoteswise.com/charlie-munger-quotes-2.html

124. Daily Journal Annual Meeting, 2015, http://www.forbes.com/sites/phildemuth/2015/04/20/charlie-mungers-2015-daily-journal-annual-meeting-part-3/#20f8719d6f0e

125. Daily Journal Annual Meeting, 2015, http://www.forbes.com/sites/phildemuth/2015/04/20/charlie-mungers-2015-daily-journal-annual-meeting-part-3/#20f8719d6f0e

126. http://genius.com/Charlie-munger-usc-law-commencement-speech-annotated

127. Schroeder, Snowball, p.198

128. Daily Journal Annual Meeting, 2015, http://www.forbes.com/sites/phildemuth/2015/04/07/charlie-mungers-2015-daily-journal-annual-meeting-part-1/#39be30b31d62

129. Daily Journal Annual Meeting, 2014, http://www.forbes.com/sites/phildemuth/2014/09/19/charlie-munger-and-the-2014-daily-journal-annual-meeting-a-fans-notes/#478bb4387384

130. Daily Journal Annual Meeting, 2015, http://www.forbes.com/sites/phildemuth/2015/04/07/charlie-mungers-2015-daily-journal-annual-meeting-part-1/#39be30b31d62

131. https://www.gsb.stanford.edu/sites/default/ les/38_Munger_0.pdf

132. http://genius.com/Charlie-munger-usc-law-commencement-speech-annotated

133. Wesco Annual Meeting, 2007, http://www.bengrahaminvesting.ca/Resources/Books/The-Best-of-Charlie-Munger-1994-2011.pdf

134. Wesco Annual Meeting, 2004, http://www.bengrahaminvesting.ca/Resources/Books/The-Best-of-Charlie-Munger-1994-2011.pdf

135. Wesco Annual Meeting, 2006, http://www.bengrahaminvesting.ca/Resources/Books/The-Best-of-Charlie-Munger-1994-2011.pdf

136. Wesco Annual Meeting, 2007, http://www.bengrahaminvesting.ca/Resources/Books/The-Best-of-Charlie-Munger-1994-2011.pdf

137. Wesco Annual Meeting, 2005, http://www.bengrahaminvesting.ca/Resources/Books/The-Best-of-Charlie-Munger-1994-2011.pdf

138. Daily Journal Annual Meeting, 2014, http://www.jianshu.com/p/4be97742ef5b

大衛・克拉克
David Clark —————— **作者**

擁有金融學士學位和加州大學哈斯汀法學院法學學位,沒埋首於金
融事務時,他就活躍於法律界。20 多年來,他是公認研究巴菲特投
資法的世界權威。他與瑪麗・巴菲特(Mary Buffett)合著的國際
暢銷投資叢書包括《巴菲特原則》、《巴菲特法則實戰分析》、《和
巴菲特同步買進》、《看見價值:巴菲特一直奉行的財富與人生哲
學》、《巴菲特的真本事:史上最強投資家的財報閱讀力》、《巴
菲特的第二專長:和投資一樣重要的用人與管理》,著作已被譯成
超過 20 種語言,是世界公認的投資經典叢書。

謝樹寬 —————— **譯者**

彰化員林人,1968 年生。台大外文系畢。曾任電視台國際新聞編
譯、新聞節目製作人。喜歡跑步、看棒球、掛網路、填字遊戲。

窮查理的智慧語錄
Tao of Charlie Munger

作　　　者	大衛・克拉克（David Clark）
譯　　　者	謝樹寬
總監暨總編輯	林馨琴
責 任 編 輯	楊伊琳
編 輯 協 力	陳雅如
美 術 設 計	賴維明
行 銷 企 劃	張愛華

發 　行　 人	王榮文
出 版 發 行	遠流出版事業股份有限公司
地　　　址	臺北市中山區中山北路一段 11 號 13 樓
客 服 電 話	02-2571-0297
傳　　　真	02-2571-0197
郵　　　撥	0189456-1
著作權顧問	蕭雄淋 律師

2018 年 7 月 1 日　初版一刷
2024 年 1 月 1 日　初版八刷
定價　新台幣 380 元（如有缺頁或破損，請寄回更換）
有著作權・侵害必究　Printed in Taiwan

ISBN　978-957-32-8313-3

遠流博識網　http://www.ylib.com/
E-mail　ylib@ylib.com

窮查理的智慧語錄 / 大衛 . 克拉克 (David Clark)
作 ; 謝樹寬譯 . -- 初版 . -- 臺北市 : 遠流 , 2018.07
　面；　公分
譯　自：The tao of Charlie Munger : a
compilation of quotes from Berkshire
Hathaway's vice chairman on life, business,
and the pursuit of wealth

ISBN 978-957-32-8313-3(精裝)

1. 蒙格 (Munger, Charles T., 1924-) 2. 學術思想
3. 投資理論

563.52　　　　　　　　　　107009394

國家圖書館出版品預行編目 (CIP) 資料